Sheltie ist der Schönste

Kapitel eins

„Wie sollen wir uns bloß entscheiden?“, seufzte Emma. „Es gibt so viele Geschichten, die man nehmen kann.“

Emma und Sally saßen auf einer Bank auf Winnies Koppel im Park des alten Gutshauses, in dem Sally wohnte. Winnie war Shelties beste Pony-Freundin. Sally, ihre Besitzerin, war Emmas beste Freundin. Winnie und Sheltie tobten zusammen über die Wiese. Die beiden Mädchen wühlten sich währendessen durch einen Stapel Bücher. Die meisten davon waren Pferdegeschichten.

Emmas Dorf Little Applewood feierte Geburtstag. Seit Wochen waren die Vorbereitungen in vollem Gang. Ein großer Festzug sollte stattfinden, an dem auch Emmas Schule teilnahm. Dafür sollten sich alle Schüler als Figuren aus bekannten Kinderbüchern verkleiden.

Emma war zum alten Gutshaus geritten, um sich mit Sally ein Kostüm auszudenken. „Wir würden gern ein gemeinsames Kostüm haben“, hatten sie Sallys Mutter erklärt. „Aber es gibt nicht viele Geschichten von zwei Leuten mit Ponys.“

„Euch fällt bestimmt etwas ein“, hatte Sallys Mutter gesagt und ihnen einen Korb mit Äpfeln für die Ponys gegeben.

Die Mädchen hatten Winnie und

Sheltie gefüttert und suchten jetzt nach Ideen für ein Kostüm.

„Wir könnten Winnies weiße Flecken und ihre Mähne schwarz färben“, schlug Emma vor. „Dann kann sie Black Beauty sein.“

„Und wenn wir Sheltie rötlich färben, kann er Black Beautys Freundin Ginger sein“, meinte Sally. Sie betrachteten ihre Ponys. Sie würden toll aussehen als Pony-Helden.

Sheltie streckte ihnen die Nase entgegen und schnaubte laut. Dann schüttelte er heftig seine zottelige Mähne.

„Ich glaube, Sheltie hat keine Lust, sich das Fell färben zu lassen“, lachte Emma.

„Vielleicht hat er Recht“, meinte Sally. „Es ist bestimmt ganz schön schwierig, ein ganzes Pony zu färben.“

Sie überlegten hin und her, aber es fiel ihnen einfach nichts ein. Auch am nächsten Tag in der Schule hatte niemand eine Idee, welche Kinderbuch-Figuren die beiden Mädchen mit ihren Ponys darstellen könnten. Die Zeit wurde langsam knapp. Sie mussten sich unbedingt etwas einfallen lassen! Die anderen hatten aber auch nicht gerade ausgefallene Ideen. Es würde achtmal Alice im Wunderland geben, viermal Sindbad den Seefahrer, drei Schatzinsel-Piraten und drei Hexen.

„Mein Kostüm ist das beste!", prahlte Emmas Mitschüler Mark. Er war ein Angeber. „Ihr ratet nie, als was ich mich verkleide", sagte er.

„Als was denn?", fragte Emma.

„Verrate ich nicht", sagte Mark. „Aber mein Kostüm ist schon fertig. Es ist so toll, dass ich bestimmt ganz vorne im Festzug gehen darf."

nette ältere Dame früher gewohnt hatte. Jetzt lebte sie in der Stadt. Sie war froh, dass es Sheltie bei Emma so gut ging und dass die beiden unheimlich dicke Freunde waren.

Miss Linny hielt den Ponys ein paar Möhren hin. Sheltie schubste Winnie frech zur Seite, um als Erster an die Möhren zu kommen. „Sei nicht so gierig, Sheltie", sagte Emma. „Hallo, Miss Linny! Ich habe mich schon gewundert, warum Sheltie plötzlich so losgerast ist. Wollen Sie uns besuchen? Sie kommen genau richtig. Vielleicht können Sie uns helfen?"

Miss Linny sagte, dass sie zu Besuch bei Emmas Lehrerin, Miss Jenkins, sei. Emma und Sally erzählten ihr von der Kostüm-Parade. Miss Linny gab wäh-

„Es hat zwei Köpfe, an jedem Ende einen“, erklärte Sally. „Das ist eine tolle Idee für ein Kostüm.“

Miss Linny lachte. „Aber wie wollt ihr Winnie und Sheltie überreden, beim Festzug verkehrt herum nebeneinander zu gehen? Dann müsste ja einer die ganze Zeit rückwärts gehen. Sheltie ist zwar ein sehr kluges Pony und manchmal benimmt er sich auch sehr gut, aber meint ihr wirklich, dass er das schafft?“

Emma kicherte. „Wir setzen ihm einen zweiten Kopf aufs Hinterteil“, sagte sie. „Vielleicht können wir einen Kopf aus Pappe oder Pappmaschee machen.“

„Und was ist mit Winnie?“, fragte Miss Linny. „Ihr wolltet doch, dass beide mitmachen.“

Sally überlegte. „In der Geschichte hatte Doktor Dolittle viele Tiere“, sagte sie dann. „Winnie kann ein Zebra sein. Er ist ja schon schwarz und weiß. Wir malen schwarz-weiße Streifen auf ein Bettlaken und binden es ihm um den Bauch.“

Sheltie warf den Kopf zurück und wieherte laut.

„Na bitte“, meinte Miss Linny. „Sheltie scheint einverstanden zu sein!“

Kapitel zwei

„Das ist eine tolle Idee", sagte Emmas Mutter. Sie schnitt einen Kuchen an und gab Joschua ein kleines Stück. „Aber wo willst du den zweiten Kopf für Sheltie auftreiben, Emma? Und wenn du etwas an seinem Hinterteil befestigst, versucht er bestimmt es abzuschütteln."

„Ich habe da eine Idee", sagte Miss Linny. „Ich besitze einen alten Westernsattel. Der hat hinten eine kleine Rückenlehne. Der Sattel ist eigentlich viel zu groß für Sheltie, aber wenn ihr nicht auf ihm reitet, können wir den zweiten Kopf an der Lehne befestigen."

Emma und Sally grinsten. Das war eine tolle Idee!

„Und wer von euch ist Doktor Dolittle?", fragte Emmas Vater. Er sah Emma und Sally an. „Doktor Dolittle ist ja etwas rundlich. Wir müssen die Dickere von euch nehmen."

Emma und Sally sahen sich an und kicherten.

„Emma!", sagte Joschua. Er strahlte und wedelte mit seinem Kuchenstück in der Luft herum.

„Gut, Emma ist Doktor Dolittle", sagte ihr Vater. „Du kannst ein paar alte Sachen von mir tragen. Wir stopfen dir Heu unter den Pullover, damit du einen dicken Bauch hast."

„Und was ist mit Sally?", fragte Miss Linny.

„Die beste Freundin von Doktor Dolittle ist der Papagei Polynesia", meinte Emmas Mutter. „Vielleicht könnte Sally der Papagei sein."

„Papagei!", rief Joschua und klatschte begeistert in die Hände.

„Ich bin doch viel zu groß für einen Papagei", sagte Sally. „Aber sein anderer bester Freund war der Affe Tschi-Tschi. Ich würde gern der Affe sein!"

„Ich kann dir aber leider bei dem Affenkostüm nicht helfen", warnte Emmas Mutter. „Ich habe noch nicht mal mit dem Programmheft angefangen."

„Ich frage meine Mutter, ob sie das Kostüm macht", sagte Sally. „Sie kann sehr gut nähen."

„Papagei", krähte Joschua wieder. Er war begeistert von diesem Wort.

Emma sah ihn an. In seinem knallroten Pullover und der quietschgrünen Hose sah er fast selbst wie ein Papagei aus.

„Und Joschua kann der Papagei Polynesia sein", rief Emma.

„Eine gute Idee, Emma", meinte Miss Linny. „Mir ist auch noch etwas eingefallen. Als ich klein war, hatte ich ein Steckenpferd. Das ist ein Pferdekopf an einem langen Stock. Man reitet auf dem Stock und hält die Zügel wie bei einem richtigen Pferd. So ein Kopf von einem Steckenpferd wäre genau das Richtige für Shelties Hinterteil. Vielleicht leiht euch ja jemand ein altes Steckenpferd."

Emma sprang begeistert auf. „Wir gehen morgen nach der Schule durchs Dorf und fragen alle. Irgendjemand hat bestimmt eins!"

Am Dienstag nach der Schule fragten Emma und Sally mit Sheltie und Winnie im ganzen Dorf herum, ob jemand ein altes Steckenpferd hatte, das sie ausleihen konnten. Aber niemand besaß eins.

„Wer ist denn das da drüben?", fragte Sally, als sie von Miss Millers Haus wegritten. „Ich glaube, da spioniert uns jemand hinterher!“

Emma drehte sich schnell um. Sie sah gerade noch, wie sich etwas hinter Miss Millers Gartenschuppen bewegte. „Vielleicht war es eine Katze“, sagte sie.

„Komisch“, meinte Sally. „Für mich sah es eher wie ein Kind aus. Aber Miss Miller hat gar keine Kinder.“

Als sie den Reitweg erreichten, der zum Haselberg führte, hatten Sheltie und Winnie keine Lust mehr, immer nur von Haus zu Haus zu gehen. Sheltie zog unruhig an den Zügeln. Er wollte endlich losgaloppieren.

„Nur noch ein Haus, Sheltie“, sagte Emma. „Aber wir können auf dem Weg dahin schön galoppieren. Wir reiten zu Miss Wagner." Die Mädchen zogen die Zügel an und drückten den Ponys die Beine in die Seiten. Sheltie und Winnie machten ein Wettrennen über die Felder, bis die Mädchen sie schließlich wieder bremsten.

Vor Miss Wagners Haus sprang Emma aus dem Sattel und klopfte an die rote Haustür. Sally saß auch ab und nahm Shelties Zügel.

„Hallo, Emma", sagte Miss Wagner. „Ich wollte dich gerade anrufen. Ich habe mal wieder ein paar alte Sachen aussortiert. Ich wollte dich fragen, ob du die Sachen in Shelties Wagen zum Gemeindesaal bringen könntest. Da gibt es demnächst einen Flohmarkt. Kommt doch rein und seht euch an, was ich zusammengesucht habe."

„Wir bringen die Sachen gerne für Sie ins Dorf", sagte Emma. „Wir kommen morgen mit dem Karren vorbei."

Emma und Sally bekamen Orangensaft und Kekse. Sie erklärten Miss Wagner ihre Kostümidee mit Doktor Dolittle.

„Und nun sind wir auf der Suche nach einem Pferdekopf für Sheltie. Wenn wir keinen finden, müssen wir einen selber basteln", schloss Emma.

Miss Wagner lachte. „Wie gut, dass ich mit meinen Sachen für den Flohmarkt auf euch gewartet habe", sagte sie. „Ihr seid genau rechtzeitig gekommen. Seht mal, was ich aussortiert habe."

Sie schob das große Sofa an der Wand

ein Stück zur Seite. Dahinter thronte auf einem Haufen alter Sachen ein Schaukelpferd, dessen Kopf schon halb abgefallen war!

Kapitel drei

Am nächsten Abend spannte Emma mit ihrem Vater Sheltie vor den Karren. Dann ritt sie mit Sally zu Miss Wagner. Als sie ankamen, wartete Miss Wagner schon.

„Ich hoffe, Sheltie lässt sich verkleiden“, sagte Emma, als sie den Kopf des Schaukelpferds in Empfang nahm. „Miss Linny meint, er soll sich zuerst an den Westernsattel gewöhnen. Dann setzen wir den Kopf vom Schaukelpferd drauf. Das sieht viel besser aus als ein Pappkopf.“

„Ich freue mich, dass ihr ihn gebrauchen könnt“, sagte Miss Wagner.

Als sie den Wagen beladen hatten, machten sie sich auf den Heimweg. Sie nahmen den Pfad am Wald entlang, denn der war nicht so holprig und der Karren konnte nicht so leicht umkippen.

Aber als der Weg wieder auf die Straße mündete, wackelte das Gefährt plötzlich. Beinahe wären einige Sachen herausgefallen.

Sally hielt Winnie neben ihr an. „Alles in Ordnung?“, fragte sie besorgt. „Was war denn mit Sheltie los?“

„Ach, nichts“, meinte Emma und beruhigte ihr Pony. „Sheltie kann nichts dafür. Ich dachte, ich hätte jemanden in den Büschen gesehen. Ich habe vor Schreck an den Zügeln gezogen.“

„Ich habe niemanden gesehen“, sagte Sally. „Vielleicht war es ein Hund?“

Emma war ziemlich sicher, dass es ein Mensch gewesen war. Aber warum versteckte er sich vor ihnen?

Zu Hause packten sie die Sachen aus dem Karren. Als Emmas Vater einmal kurz am losen Kopf des Schaukelpferds zog, fiel er schon ab.

„Den Kopf am Westernsattel zu befestigen ist kein Problem“, sagte er. „Aber wir sollten ihn erst mal zu Sheltie in den Stall legen, damit er sich in Ruhe an ihn gewöhnen kann.“

Am Anfang war Sheltie nicht sehr begeistert von dem Pferdekopf. Er schnaubte und wieherte lautstark, als Emmas Vater ihn über die Koppel trug. Aber dann drehte er sich um und trabte zu seinem Stall, um sich das komische Ding aus der Nähe anzusehen. Emma lief schnell hinterher. Sheltie beäugte den hölzernen Pferdekopf und schüttelte verwundert seine Mähne. Vorsichtig berührte er den Kopf mit dem Vorderhuf. Als er sich überzeugt hatte, dass der Kopf nicht echt war, legte er sich gemütlich daneben.

Emma kicherte. Es sah total komisch aus, wie Sheltie da friedlich neben einem Pferdekopf aus Holz lag!

Als sie aus dem Stall gingen, sah Emma am Ende der Koppel einen Schatten in der Hecke verschwinden. Aber es dämmerte schon. Sie konnte nicht richtig erkennen, was für ein Schatten es gewesen

war. „Was war denn das?“, fragte sie. Sie hatte das Gefühl, irgendwer spionierte ihr hinterher.

Ihr Vater hatte auch gesehen, dass sich etwas bewegt hatte. „Wahrscheinlich ein Fuchs“, meinte er.

Aber Emma war ganz sicher, dass es ein Mensch gewesen war. Einer, der ungefähr so groß war wie Sally und sie. Sie nahm sich vor, am nächsten Tag die Hecke am Ende der Koppel genau zu untersuchen.

Als Emma am nächsten Tag von der Schule nach Hause kam, wartete Sheltie schon ungeduldig am Gatter seiner Koppel auf sie. Er drückte sofort sein weiches Maul in ihre Handfläche in der Hoffnung auf einen süßen, saftigen Apfel.

Emma umarmte ihn liebevoll. „Du wirst das schönste Kostüm im ganzen Festzug haben, Sheltie! Papa sagt, er macht dir heute Abend den neuen Kopf am Sattel fest. Komm, wir holen ihn schon mal."

Emma wollte zum Stall gehen, aber

Sheltie stieß sie in die Seite und drückte seinen Kopf gegen ihre Schulter. „Was ist los?“, fragte Emma. Sie griff nach seinem Stallhalfter und schob ihn weg. „Mach keinen Quatsch, Sheltie. Ich will doch nur den Pferdekopf holen.“

Aber als Emma in den Stall kam, war der Pferdekopf verschwunden! Sie starrte ihr kleines Pony an. Sheltie schüttelte den Kopf, als wollte er sagen: „Ich hab's dir gesagt, aber du hast ja nicht zugehört.“

„Was hast du mit dem Pferdekopf gemacht, Sheltie?“, fragte Emma.

Sheltie wieherte und stupste sie in den Rücken. Sanft schob er sie in die hinterste Ecke der Koppel. „Hast du ihn hier versteckt, Sheltie? Gut, dann will ich mal sehen.“

Emma war enttäuscht. Anscheinend wollte Sheltie sich doch nicht verkleiden lassen, wenn er den Pferdekopf im hintersten Winkel der Koppel versteckte.

Dieser Teil der Koppel war etwas abschüssig. „Hier konnte Sheltie den Pferdekopf natürlich gut verstecken", dachte Emma. Sie spähte suchend in die Hecke. Aber Sheltie schubste sie ungeduldig weiter nach vorn. Er wieherte leise und schob sie zu einer ganz bestimmten Stelle. „Wo ist denn nun der Pferdekopf?", fragte Emma. Da schimmerte ihr plötzlich etwas entgegen.

In der Hecke hing ein langes Haar – eindeutig das Haar einer Ponymähne! Aber es hatte nicht die Farbe von Shelties Mähne und auch nicht die von Winnies.

Es hatte dieselbe Farbe wie die Mähne des Schaukelpferds.

Emma dachte wieder daran, wie gemütlich und zufrieden Sheltie sich am Abend vorher neben den Pferdekopf gelegt hatte. Er hatte absolut keine Angst davor gehabt. Dann fiel ihr noch etwas ein. Irgendwer hatte sie am Abend vorher beobachtet. Hatte derjenige vielleicht den Kopf des Schaukelpferds geklaut?

„Hilfst du mir, den Dieb zu finden, Sheltie?“, fragte Emma voller Tatendrang. Sheltie hob den Kopf und schnaubte. Damit war die Sache klar.

Kapitel vier

Schnell holte Emma Shelties Sattel und Zaumzeug. Dann ritt sie mit ihm um die Koppel herum auf die andere Seite der Hecke, wo sie das Pferdehaar gefunden hatte.

Die Hecke war unten etwas zertrampelt, als hätte sich ein großer Mensch hindurchgezwängt. Oder ein Kind mit einem hölzernen Pferdekopf.

Emma hielt die Zügel lose in den Händen und überließ Sheltie die Führung. Er trabte an Mr Crocks Haus vorbei und über die kleine Steinbrücke am Ende der Straße, die ins Dorf führte. Seine Hufe klapperten auf der Dorfstraße. Dann hielt er plötzlich vor der Post an.

Dort stand der Angeber Mark. Er hatte einen Lolli in der Hand. Sheltie trabte zu Mark und reckte ihm seinen Kopf entgegen.

„Hilfe! Nimm dein blödes Pony weg!“, schrie Mark und versteckte den Lolli hinter seinem Rücken.

„Du brauchst keine Angst zu haben“, sagte Emma. Sie sprang aus dem Sattel und führte das kleine Pony näher an Mark heran. „Klopf ihn auf den Hals, das mag er.“

„Der frisst doch nur meinen Lolli!“, rief Mark.

„Er mag im Moment gar keine Lollis“, sagte Emma. „Er hat nämlich zu viele Süßigkeiten gegessen.“

Da entdeckte sie plötzlich ein Pferdehaar an einem von Marks Jackenknöpfen. Es hatte dieselbe Farbe wie das Haar in der Hecke. Und dieselbe Farbe wie die Mähne des Schaukelpferds. Jetzt wusste Emma plötzlich ganz genau, warum Sheltie angehalten hatte.

„Wo hast du den Kopf von unserem

Schaukelpferd versteckt?“, rief sie.

„Was ... Wovon redest du?“, stotterte Mark. „Was für ein Schaukelpferd? Ich hasse Pferde!“

Sheltie schnaubte verächtlich. Mark wich ängstlich zurück.

Da kam Marks Mutter aus der Post.

„Was redet ihr da von einem Schaukelpferd?“, fragte sie. „Mark hat gestern den Kopf von einem Schaukelpferd mit nach Hause gebracht, Emma. Er hat gesagt, dass niemand ihn haben will. Gehört er etwa dir?“

Emma erklärte ihr die Idee zu ihrem Kostüm und dem hölzernen Pferdekopf. Marks Mutter sah ihren Sohn sehr streng an.

„Du hast behauptet, jemand hätte dir

den Pferdekopf für dein Kostüm geschenkt!“, sagte sie zu Mark.

„Er lag irgendwo rum“, sagte Mark. „Ich dachte, den will keiner mehr haben.“

„Er lag nicht irgendwo rum“, widersprach Emma. „Er lag in Shelties Stall. Und wenn du dachtest, den braucht keiner mehr, warum hast du dann nicht gefragt, ob du ihn haben kannst?“

Da fiel Emma plötzlich wieder ein, dass jemand Sally und sie ausspioniert hatte. „Du wusstest, dass wir ihn für unser Kostüm brauchen!“, rief sie. „Und dann hast du ihn geklaut!“

Mark sah sie erschrocken an. „Ich habe ihn nicht geklaut!“, sagte er. „Ich habe ihn nur versteckt. Ich wollte ja nur nicht, dass ihr ein besseres Kostüm habt als ich", gab er kleinlaut zu.

„So was tut man nicht, Mark", sagte seine Mutter. „Du hast es gar nicht verdient, als König Artus im Festzug mitzulaufen. König Artus war ein guter König. Ein guter König stiehlt nicht!"

Aber Emma sah, dass Mark seinen Diebstahl wirklich bereute.

„Tut mir echt Leid, Emma", sagte er. „Es war eine doofe Idee, den Pferdekopf zu klauen. Und euer Kostüm wird bestimmt toll."

Emma nickte. „Deins bestimmt auch", sagte sie.

Später holten Emma und Sheltie den hölzernen Pferdekopf bei Mark ab. Zusammen mit Mark und seiner Mutter befestigte Emma den Kopf an Miss Linnys Westernsattel. Sheltie ließ alles ruhig über sich ergehen. Aber als er den Sattel auf dem Rücken hatte, drehte er sich um und wieherte seinen neuen Kopf an.

„Seht mal!", lachte Emma. „Als ob er sich mit ihm unterhalten wolle."

Emmas Vater legte den Sattel mit dem Pferdekopf in Shelties Stall, damit er sich in den nächsten Tagen weiter mit ihm anfreunden konnte.

Jetzt fehlten nur noch die Kostüme. Sallys Mutter hatte das Kostüm für den Affen Tschi-Tschi schon fertig. Es war aus flauschigem hellbraunem Stoff und hatte einen langen Schwanz, der sich am Ende ringelte. Als Überraschung hatte sie auch noch eine Papageienjacke für den kleinen Joschua genäht, die er über seine grüne Hose und den roten Pullover anziehen konnte. An der Kapuze war ein Papageienschnabel befestigt und die Ärmel sahen aus wie kleine Flügel.

Joschua war zuerst nicht gerade begeistert von seinem Kostüm. Er lief wie wild im Kreis herum und suchte seine Mutter. „Joschua, du siehst wirklich wie ein kleiner Papagei aus, wenn du so rumläufst!“, lachte Emma.

Da strahlte Joschua. „Papagei!“, rief er begeistert.

Endlich war es Samstag. Emmas Vater gab ihr einen alten Pullover und stopfte ihn am Bauch dick mit Heu aus. Emma kicherte. Das Heu kitzelte! Dann zog sie die alte Jacke ihres Vaters drüber und knöpfte sie zu. „Geht mal raus", sagte Emmas Vater. „Ich bin gespannt, wie Sheltie euch findet."

Emma ging mit Joshua in seinem Papageienkostüm zur Koppel. Sheltie galoppierte sofort zum Gatter, als er sie sah. Er schien genau zu wissen, dass heute ein ganz besonderer Tag war. Er wälzte sich voller Freude auf der Koppel und warf die Hufe in die Luft. Joschua lachte und wedelte mit den Armen. So sah er jetzt wirklich aus wie ein fliegender Papagei!

Sheltie reckte den Kopf über das Gatter und schmiegte sich an Emma. Dann schob er frech das Maul unter Emmas Jacke.

„Nein, Sheltie! Du darfst das Heu nicht

fressen!", kicherte Emma. Aber er erwischte trotzdem ein Maul voll Heu und ein kleines Stück vom Pullover, bevor Emma ihn mit ein paar Möhren ablenken konnte.

Am Nachmittag sattelten Emmas Vater und Miss Linny Sheltie mit dem Westernsattel, auf dem der hölzerne Pferdekopf befestigt war. Sheltie stand ganz ruhig da. Er wusste, dass er sich von jetzt an gut benehmen musste.

Als Sally auf Winnie mit ihrer Zebra-Decke angeritten kam, wurde Emma ein bisschen nervös. Würde Winnie sich erschrecken, wenn sie Sheltie sah? Sheltie begrüßte seine Freundin mit einem Kopfnicken und blieb ruhig stehen.

Winnie ging um Sheltie herum und

drückte ihren Kopf gegen den hölzernen Kopf des Schaukelpferds. Sie schien sich zu wundern, dass der Kopf sie nicht zurück anstupste!

„Die arme Winnie!“, sagte Emma. „Sie weiß gar nicht, wo bei Sheltie vorne und hinten ist.“

Dann ritten sie zur Schule. Der Direktor Mr Price bestimmte die Reihenfolge im Festzug. Als er Sheltie sah, witzelte er: „Ich weiß nicht, ob ich dich ganz nach hinten oder ganz nach vorne stellen soll!" Aber alle wollten, dass Doktor Dolittle ganz vorne ging, zusammen mit seinen Freunden, dem Affen Tschi-Tschi, dem Zebra Zick-Zack und seinem besonderen Freund, dem zweiköpfigen Pferd. Und oben darauf thronte der Papagei Polynesia.

Am Schluss wurde ein Preis für das beste Kostüm verliehen. Die Preisrichter waren so beeindruckt von Shelties zwei Köpfen und Winnies Zebrakostüm, dass sie Emma und Sally den ersten Preis gaben.

Stolz führten Emma und Sally ihre Ponys zu dem Tisch, an dem die Preisrichter saßen. Aber Sheltie fand, dass er sich jetzt wieder benehmen konnte wie immer. Er schnappte sich die Liste mit den Gewinnern vom Tisch und galoppierte davon.

„Sheltie, komm zurück!“, rief Emma erschrocken. Aber alle anderen bogen sich nur vor Lachen. Sheltie sah so komisch aus mit dem zweiten Kopf, der auf dem Westernsattel hin- und herwackelte!

Dann kam Sheltie wieder ganz brav zurück. Als Mr Price in der Aula eine kurze Rede hielt, stand Sheltie ganz ruhig neben Emma in der großen Tür.

„Ich habe mich schon bei vielen Leuten bedankt, die zum Gelingen dieses Umzugs beigetragen haben“, sagte Mr Price. „Aber ich muss mich noch bei einer Person – oder besser gesagt, bei einem Pony – ganz besonders bedanken. Was hätten wir ohne ihn getan? Einen großen Applaus für Sheltie!“

Alle wandten sich zu Emma und Sheltie um und klatschen wie verrückt. Und wieder mussten sie über das lustige Pony lachen, denn wie zum Dank für den Applaus senkte Sheltie den Kopf und schaute sie alle mit verschmitztem Blick hinter seinem dicken Stirnschopf an. Er war wirklich das lustigste Pony der Welt!

Das versteckte Gemälde

Kapitel eins

Nach ein paar sonnigen Ferientagen goss es nun wie aus Kübeln. Emma stürmte im Regenmantel aus dem Haus.

„Tut mir Leid, dass es so lange gedauert hat, Sheltie“, rief sie ihrem kleinen Shetlandpony zu. „Ich habe meine Gummistiefel nicht gefunden. Du hast bestimmt schon Hunger.“

Sheltie schüttelte seine zottelige Mähne. Kleine Wassertropfen spritzten in alle Richtungen. Frech drängelte er Emma zur Seite, um schneller an sein Frühstück zu kommen. Dann prustete er in den Futtertrog und ließ ein paar Haferkörner quer durch den Stall fliegen.

„Nicht so gierig, Sheltie!“, kicherte Emma. An Shelties nasser Mähne klebte Hafer. Er sah ziemlich komisch aus.

„Was für ein blödes Wetter“, seufzte Emma. „Ich wäre so gern ausgeritten und hätte ein Picknick gemacht, aber bei dem Regen macht das keinen Spaß. Na ja, stattdessen kann ich dich ja putzen.“ An Shelties Beinen und Hufen klebte der Matsch von seiner nassen Koppel.

„Vielleicht können wir ja heute Nachmittag mit Sally und Winnie ausreiten, falls es aufhört zu regnen.“ Emma und Sheltie verbrachten ihre Zeit am liebsten mit ihren beiden Freundinnen.

Sheltie schnaubte und hätte dabei fast noch den ganzen Rest Hafer aus dem Futtertrog gepustet.

„Du bist heute anscheinend ganz schön lustig aufgelegt“, lachte Emma.

Emmas Mutter hatte Sally zum Mittagessen eingeladen. Als Emma gerade Shelties schlammbeschmierte Beine mit einem Wasserschlauch abspritzte, rempelte das kleine Pony Emma plötzlich an. Dabei kam sie ein bisschen aus dem Gleichgewicht und eine Fontäne Wasser spritzte ihr genau ins Gesicht.

„Sheltie, du Frechdachs!“, prustete Emma.

„Was ist denn hier los?“, rief Sally und lachte. Sie war gerade mit Winnie angekommen.

Sheltie schnaubte und verspritzte noch mehr Wasser mit seinem nassen Maul. Sally sprang gerade noch rechtzeitig zur Seite.

„Langweilig sind unsere Ferien ja wirklich nicht“, lachte Emma. Sie drehte den Wasserhahn zu und rollte den Schlauch auf.

„Endlich können wir machen, was wir wollen!“, freute sich Sally. Sie löste Winnies Sattelgurt und nahm ihr Sattel und Zaumzeug ab. Jetzt konnte Winnie mit Sheltie auf der Koppel herumtollen und saftiges Gras fressen.

Die Mädchen brachten Winnies Sattel in die Sattelkammer und gingen dann zum Mittagessen ins Haus.

Emmas Mutter hatte Schokoladenkekse gebacken. „Die gibt es aber erst nach dem Essen“, sagte sie lachend, als Emmas Bruder Joschua seine kleine Hand schon danach ausstreckte. „Und ihr kriegt jeder nur einen. Die sind für den Flohmarkt am Samstag. Ich backe jeden Tag welche und friere sie ein.“

„Wir sollten sie unbedingt vor Sheltie verstecken“, kicherte Emma. Sheltie liebte Süßigkeiten über alles.

„Meine Eltern wollen auf dem Flohmarkt jede Menge Zeug verkaufen“, erzählte Sally. „Hoffentlich kommt genug Geld für die neue Kirchenglocke zusammen.“

Die Glocke der Dorfkirche hatte einen Riss. Deshalb läutete sie nicht mehr richtig, sondern machte nur noch ein scheppperndes Geräusch. Aber eine neue Glocke war sehr teuer.

„Es wird schon einiges zusammenkommen“, meinte Emmas Mutter. „Ich werde unser Haus auch mal durchstöbern. Vielleicht finde ich noch Sachen, die wir verkaufen können.“

Endlich hörte es auf zu regnen. Emma und Sally sattelten ihre Ponys für einen Ausritt.

„Wohin reiten wir?“, fragte Sally.

„Wir lassen Sheltie entscheiden“, erwiderte Emma. Sie ließ die Zügel locker und überließ Sheltie die Führung. Das kleine Pony schüttelte freudig den Kopf und trabte los.

Sheltie liebte Regenwetter. Auf dem weichen Boden konnte er gut laufen. Er stapfte durch die Pfützen und ließ das Wasser hochspritzen.

Emma und Sally hatten erwartet, dass Sheltie den Reitweg durch den Wald nehmen würde. Da hatten die Ponys viel Platz zum Galoppieren. Oder zum Haselberg, da hätten sie durch die Felder preschen können.

Aber Sheltie schlug den Weg ins Dorf ein. Vor der Kirche hielt er so plötzlich an, dass Winnie fast von hinten in ihn hineingelaufen wäre. Emma drückte Sheltie die Hacken in die Seiten, aber er rührte sich nicht von der Stelle.

„Hier gibt's nichts zu sehen, Sheltie", sagte Emma. „Komm weiter."

Das tat Sheltie auch. Aber er ging nicht an der Kirche vorbei, sondern bog rechts durch das Tor und führte sie bis vor die Kirchentür. Er wieherte leise und scharrte mit dem Huf auf dem Kiesweg.

Sally kicherte. „Sheltie will wohl in die Kirche gehen. Aber heute ist doch nicht Sonntag."

„Warum hast du uns hierher geführt, Sheltie?", fragte Emma neugierig. Sie rutschte aus dem Sattel und gab Sally die Zügel zum Halten. Dann drückte sie gegen die Kirchentür. Sie war offen.

„Hallo?", rief sie in die düstere Kirche.

„Wer ist denn da?", ertönte die Stimme des Pfarrers.

„Ich bin's, Emma."

Platschende Schritte kamen auf sie zu. Sie stieß die Tür weit auf. Eine riesige Wasserpfütze bedeckte den Fußboden der Kirche!

Kapitel zwei

„Hallo, Emma, hallo, Sally“, sagte der Pfarrer. Er stand mit Kissen beladen an der Kirchentür. „Wir haben im Dach ein großes Loch. Den ganzen Vormittag über ist Wasser in die Kirche gelaufen!“

Sheltie versuchte sich am Pfarrer vorbei in die Kirche zu drängen. Zum Glück hielt Sally noch seine Zügel fest. Emma nahm sie ihr ab und band Sheltie lose an einer Holzbank vor der Kirche fest. „Können wir Ihnen irgendwie helfen?“, fragte sie den Pfarrer.

„Ich muss alles rausräumen, was nass geworden ist“, sagte er. Er legte die Kissen auf eine steinerne Bank im Vorraum. „Wenigstens regnet es jetzt nicht mehr. Aber bis das Dach repariert ist, muss alles raus.“ Er sah nach oben und seufzte.

„Sind das viele Sachen?“, wollte Emma wissen.

Der Pfarrer nickte. „Das Loch ist an einer ungünstigen Stelle. Darunter befinden sich viele wertvolle Dinge. Die muss ich alle in den Gemeindesaal räumen, da sind sie sicher. Das dauert bestimmt den ganzen Tag!“

Sheltie stupste Emma an und wieherte. Er scharrte ungeduldig mit den Hufen und versuchte wieder, in die Kirche zu kommen.

„Sheltie, was machst du da?“, rief Emma. „Ach so, du willst helfen.“ Plötzlich hatte sie eine Idee. „Wenn wir Shelties kleinen Wagen holen, kann er eine Menge Sachen auf einmal zum Gemeindehaus bringen."

„Und wenn Winnie Shelties Satteltaschen nimmt, können wir noch mehr transportieren!", rief Sally.

„Eine tolle Idee!“, sagte der Pfarrer begeistert.

Emma und Sally holten schnell den kleinen Wagen und Shelties Satteltaschen. Der Pfarrer hatte die wertvollsten Sachen schon aus der Kirche getragen: ein silbernes Kreuz, passende Kerzenständer und ein paar silberne Becher.

„Die können wir gut in den Satteltaschen verstauen“, sagte er zu Sally. „Wickle sie in Zeitungspapier ein, dann stoßen sie nicht aneinander.“ Danach holte er das schwere Schränkchen mit dem restlichen Silber aus der Kirche. Es hatte direkt unter der undichten Stelle gestanden. Auf dem lackierten Holz waren schon ein paar kleine Wasserflecken.

„Das passt genau in den Wagen“, meinte Emma. Als sie das Schränkchen aufgeladen hatten, sah der Pfarrer besorgt zum Himmel. „Es gibt bestimmt bald noch einen Schauer“, sagte er. „Als Nächstes sollten wir das Bild hier einladen. Der Regen würde es sonst schwer beschädigen.“

Er hatte das Bild schon von der Kirchenwand genommen. Sally und Emma trugen

es raus. Emma fand das Bild ziemlich langweilig: Es zeigte einen Mann, der sehr mürrisch dreinschaute.

Sie luden das Bild vorsichtig in den Wagen. Sheltie und Winnie brachten alle Dinge in ruhigem Schritt zum Gemeindesaal. Sie schienen zu wissen, dass sie wertvolles Gut transportierten und vorsichtig sein mussten.

„Wo sollen wir die Sachen hinbringen?“, fragte Emma, als sie angekommen waren. Keuchend hob sie das schwere Bild aus dem Wagen.

„Lass mich das tragen“, sagte der Pfarrer. „Wir müssen die Sachen nach hinten räumen, damit sie nicht im Weg sind. Am Samstag ist doch der Flohmarkt. Wirklich der beste Moment für ein Loch im Kirchendach!“

Sheltie stand ganz still, während das Bild und das Schränkchen ausgeladen wurden. Der Pfarrer lehnte das Bild an die hintere Wand des Saals.

„Was sie daran wohl finden?“, flüsterte Emma Sally zu. „So ein Bild würde ich niemals aufhängen.“

Sally kicherte. „Der sieht wirklich

schlecht gelaunt aus. Vielleicht ist es einer der früheren Pfarrer? Meinst du, unser Pfarrer würde auch mürrisch aussehen, wenn er gemalt würde?“

Jetzt sah der Pfarrer aber nicht mürrisch aus, sondern nur traurig.

„Sind da noch mehr Sachen?“, fragte Emma. „Ist sonst noch was nass geworden?“

Der Pfarrer lächelte. „Nein. Vielen Dank euch beiden – und natürlich auch Sheltie und Winnie. Ich glaube, wir haben alles gerettet. Aber die neue Glocke muss jetzt wohl warten. Das Geld vom Flohmarkt müssen wir erst mal in die Dachreparatur stecken. Und ich hatte mich schon so darauf gefreut, wieder eine schön klingende Glocke zu haben! Ohne Kirchenläuten ist es einfach kein richtiger Sonntag.“

Am Samstagmorgen herrschte in der Küche von Emmas Familie Chaos. Ihre Mutter hatte die ganze Woche über gebacken. Überall standen Dosen mit Keksen und

Kuchen. Emma und ihr Vater luden alles ins Auto. Dann sattelte Emma Sheltie und rannte wieder ins Haus, um Joschua zu holen.

„Das Auto ist voll. Komm Joschua, wir reiten!“

„Sheltie reiten!“, rief Joschua begeistert. Er sauste los und setzte seine kleine Reitkappe auf.

Emma führte Sheltie mit Joschua im Sattel ins Dorf. Sally und Winnie warteten schon vor dem Gemeindesaal. Emma hob Joschua aus dem Sattel. Die Mädchen banden ihre Ponys an ein Geländer hinter dem Gemeindesaal. So waren sie nicht im Weg, wenn die Leute die Sachen für den Flohmarkt hereintrugen, die sie verkaufen wollten. Es waren auch Fachleute eingeladen, die den Wert einiger besonders alter Stücke schätzen sollten.

Es gab für alle viel zu tun. Emma half ihrer Mutter beim Teekochen. Sally brachte Kekse und Kuchen aus dem Auto in den Saal und Joschua trug die Schachtel mit den Teebeuteln. Emmas Vater stand an der Tür und begrüßte die Fachleute gemeinsam mit dem Pfarrer.

Der Tisch, an dem Emmas Mutter Tee und Kuchen verkaufte, stand an der hinteren Wand des Raums neben einem Fenster. An der Wand unter dem Fenster lehnte das Gemälde, das sie aus der Kirche gerettet hatten.

„Passt auf, dass ihr nicht dagegen stoßt“, warnte Emmas Mutter. „Es ist zwar bestimmt nicht sehr wertvoll, aber ich möchte nicht, dass jemand Tee darüber kippt."

Es war ziemlich eng hinter dem Tisch. Emma und Sally stellten Becher hin und verteilten die Kekse auf Teller.

„Puh, ist das heiß", stöhnte Emmas Mutter. „Lass doch mal frische Luft rein."

Emma machte das Fenster auf und drehte sich wieder zum Tisch. „Sollen wir den Schokoladenkuchen in die Mitte stellen?", fragte sie ihre Mutter. Es sollte später eine Tombola geben. Der Hauptgewinn war der leckere Schokoladenkuchen, den Miss Linny gebacken hatte.

„Das machen wir lieber später", sagte ihre Mutter. „Lass ihn jetzt noch zusammen mit den übrigen Keksen unter dem Fenster stehen."

Plötzlich spürte Emma, wie ihr jemand heiße Luft in den Nacken blies und sie anstupste. Ihr war sofort klar, wer das war. Sie drehte sich um und tatsächlich:

Ihr freches Pony streckte den Kopf durchs Fenster!

„He, Sheltie, weg von den Keksen!", rief Emma.

Aber es war schon zu spät. Gerade verschwand ein großer Keks mit rosa Zuckerguss in Shelties Maul. Sally konnte gerade noch rechtzeitig den Schokoladenkuchen von Miss Linny wegziehen.

Kapitel drei

„Ihr müsst Sheltie und Winnie woanders anbinden“, sagte Emmas Mutter. „Bei der Hitze können wir das Fenster unmöglich geschlossen halten.“

Aber inzwischen war der Saal schon voller Leute. Die Tische füllten sich mit glänzenden Vasen, Besteck, Spielzeug, alten Uhren und allen möglichen anderen Sachen, die die Dorfbewohner auf ihren Dachböden aufgestöbert hatten. Die Besucher drängten sich um den Tisch von Emmas Mutter. Emma und Sally hatten alle Hände voll zu tun. Es blieb keine Zeit, um die Ponys woanders anzubinden.

„Wir müssen einfach den Tisch etwas nach vorne schieben", sagte Sally, während sie Milch in die Teebecher goss.

„Entschuldigung", sagte Emma zu einem der Fachleute, der an ihrem Tisch anstand. Er war sehr groß und hatte dichte braune Haare. Er sah stark genug aus, um einen Tisch zu tragen. „Können Sie uns helfen, den Tisch und die Sachen weiter nach vorne zu tragen, damit mein Pony nicht mehr an die Kekse kommt?"

„Gerne", sagte der Fachmann. Er hieß Mr Cooper. „Ist das euer Kunstexperte?", witzelte er und zeigte auf Sheltie. Das kleine Pony steckte neugierig den Kopf durchs Fenster und stupste mit seinem weichen Maul das Bild auf dem Boden an.

Emma lachte. „Er ist ein sehr schlaues Pony“, sagte sie, „aber ich glaube, von Bildern versteht er nicht so viel. Er ist aber ein großer Keks-Experte. Möchten Sie vielleicht einen?“

„Ja, gerne“, sagte Mr Cooper. Er trank eine Tasse Tee und aß einen der leckeren Schokoladenkekse von Emmas Mutter. Dann ging er zum Tisch von Sallys Mutter und sah sich ihr Porzellan an.

Im Saal wurde es immer voller und lauter. Alle wollten von den Fachleuten schätzen lassen, wie viel ihre alten Gegenstände wert waren. Aber Sheltie interessierten nur die Kekse und der leckere Kuchen. Weil der Tisch jetzt weiter vorne stand, konnte er nur ein halbes Käsebrötchen ergattern, das jemand auf der Fensterbank liegen gelassen hatte. Er versuchte seinen Kopf weiter durch das Fenster zu strecken. Aber der Strick, mit dem er angebunden war, war zu kurz. Stattdessen stieß er immer wieder mit der Nase gegen das Bild unter dem Fenster. Jedes Mal fiel es gegen Emma, ihre Mutter oder Sally, und sie mussten es wieder richtig hinstellen.

Sheltie war aber sehr gut fürs Geschäft. Alle wollten eine Tasse Tee und ein Stück Kuchen an einem Tisch kaufen, hinter dem ein freches Pony durchs Fenster hereinschaute!

„Wir sollten das Bild woanders hinstellen", sagte Emmas Mutter. Sheltie hatte es schon viermal umgestoßen. „Frag mal Papa, ob er uns hilft."

Emma drängte sich durch die Leute und suchte ihren Vater. Schließlich entdeckte sie ihn. Er war gerade mit Mr Cooper auf dem Weg zum Teetisch.

„Du musst uns helfen", sagte Emma. „Kannst du das Bild an einen sicheren Platz bringen?"

„Braucht ihr die Meinung eines Experten zu dem Bild?", fragte Mr Cooper.

„Ach nein, so besonders ist es, glaube ich, nicht", sagte Emma. Sie erzählte ihm, dass sie es wegen des undichten Kirchendachs in den Gemeindesaal gebracht hatten. „Aber hier ist nicht viel Platz. Und Sheltie stößt das Bild ständig um", sagte sie.

„Ich binde Sheltie woanders an“, sagte Emmas Vater. „Das ist wahrscheinlich das Beste.“

Sheltie schnaubte aus Leibeskräften und stupste das Bild mit der Nase an. Mr Cooper lachte. „Ich bringe das Bild für euch weg. Was ist denn darauf zu sehen?“

„Es ist nur ein Bild von einem schlecht gelaunten alten Pfarrer“, meinte Emma.

„Kein Wunder, dass er schlechte Laune hat, wenn er immerzu umgestoßen wird“, lachte Mr Cooper.

Da stieß Sheltie das Bild so heftig an, dass es auf den Boden krachte.

„Oh nein!“, rief Emma. „Jetzt ist der Rahmen kaputtgegangen! Sheltie, was machst du denn da?“

Sie schob Shelties Kopf zurück durchs Fenster.

Mr Cooper zog das Bild unter dem Teetisch hervor. Da fiel der hintere Teil komplett ab.

„Seht mal!“, sagte Emma. „Da ist noch ein anderes Bild auf der Rückseite.“

Sie trat zurück und betrachtete es.

Das war kein dunkles, langweiliges Bild von einem Pfarrer. Dieses Bild hatte leuchtende Farben. Es zeigte fröhliche Leute und auch ein paar Kinder. Aber das Beste war, dass da auch drei Pferde abgebildet waren – und ein sehr kleines Pony mit einem großen Kopf und sanften braunen Augen.

„Wie schön das ist!", rief Emma. „Viel

schöner als das Bild von dem Pfarrer. Das Pony sieht aus wie Sheltie!“

Emmas Vater kam von draußen zurück. „So, jetzt kann nichts mehr passieren“, sagte er. „Ich habe die Ponys in sicherer Entfernung angebunden.“ Dann sah er das Bild von der Familie mit den Pferden. „Das ist aber hübsch. Wo hast du das denn gefunden?“

Emma erzählte ihm alles. Mr Cooper beugte sich hinunter und betrachtete das Bild genauer. „Wenn ich mich nicht täusche, hast du hier etwas Tolles entdeckt“, sagte er und zog eine Lupe aus der Tasche. „Mal sehen, ob es signiert ist.“

Mr Cooper hielt die Lupe über die rechte untere Ecke des Bildes. Dann grinste er Emma breit an.

„Du hast Recht. Es ist viel schöner als das Bild auf der anderen Seite“, sagte er. „Dieses Bild hat Henry Butterwild gemalt. Er war ein sehr berühmter Künstler.“

„Berühmt?“, fragte Sally überrascht.

„Ja. Ein verlorenes Gemälde von einem berühmten Maler zu finden ist etwas ganz Besonderes“, sagte Mr Cooper. „Das wird sehr viele Leute interessieren.“

Emma strahlte. „Und Sheltie hat es entdeckt!“, sagte sie. „Wir müssen es irgendwo aufhängen, wo es alle sehen können.“

„Es gehört natürlich der Kirche, aber wenn sie es verkaufen will, haben große Museen bestimmt Interesse daran.“ Mr Cooper lächelte. „Das Geld, das ihr hier einnehmt, ist doch für eine neue Kirchenglocke gedacht, oder?"

„Eigentlich ja", sagte Emma. „Aber jetzt muss damit erst mal das Kirchendach repariert werden."

„Tja, eure Geldprobleme haben sich wahrscheinlich erledigt. Wenn ihr das Gemälde verkauft, habt ihr genug Geld für die Dachreparatur und für eine neue Glocke."

Kapitel vier

Am nächsten Tag lud Emmas Mutter Sally wieder zum Mittagessen ein. Danach wollten sie zur Kirche gehen. Das ganze Dorf würde sich dort treffen und der Pfarrer wollte verkünden, wie viel Geld der Flohmarkt mit seinen kleinen Kostbarkeiten eingebracht hatte. Emma war schon ganz aufgeregt, denn der Pfarrer wollte auch allen erzählen, wie Sheltie das Gemälde gefunden hatte. Dank dieser Entdeckung würde die Kirche jetzt vielleicht doch eine neue Glocke bekommen.

„Das Problem ist, dass das Bild der Kirche gehört“, sagte Emmas Vater und nahm sich eine ordentliche Portion Bratkartoffeln. „Da müssen erst viele Leute gefragt werden, bevor es verkauft werden kann.“

„Und vielleicht wollen sie das Gemälde im Dorf behalten, auch wenn sie das Geld gut gebrauchen könnten“, fügte Emmas Mutter hinzu.

„Sheltie sollte noch mal in der Kirche herumschnüffeln. Vielleicht findet er ja noch ein wertvolles Gemälde“, sagte Emma mit leuchtenden Augen.

Da spazierte Sheltie plötzlich mit lautem Hufgeklapper durch die offene Küchentür. Zielstrebig ging er auf die Schüssel mit den Möhren zu.

„Oh nein, ich glaube, ich habe das

Gatter nicht richtig zugemacht“, kicherte Sally.

Emmas Mutter lachte. „Sheltie hat eben nicht nur eine Spürnase für Gemälde!“, sagte sie.

Emma brachte Sheltie zurück auf die Koppel. Sie schloss das Gatter und vergewisserte sich, dass der kleine Metallstift richtig befestigt war, damit Sheltie den Riegel nicht wieder öffnen konnte. Sheltie sah etwas beleidigt aus. Emma umarmte ihn und vergrub ihr Gesicht in seiner dicken Mähne. „Warte nur", sagte sie. „Wenn alle hören, wie schlau du bist, geben sie dir bestimmt jede Menge Möhren."

Aber als sie zur Kirche kamen, hatte fast das ganze Dorf schon von Shelties toller Entdeckung gehört.

„Was für ein schlaues Pony", sagte Miss Wagner und gab Sheltie einen Apfel. Winnie bekam natürlich auch einen.

„Ihr könnt gerne auch mal mein Haus durchstöbern, vielleicht findet ihr ja was", meinte Mr Crock lachend. Er gab Sheltie ein Stück Zucker. Sheltie verschlang es gierig und marschierte in den Vorraum der Kirche. Winnie folgte ihm.

„He! Die Tiere dürfen aber nicht in die Kirche", sagte Mr Crock. Er klang ernst, aber er zwinkerte Emma zu. Er mochte Sheltie und Winnie nämlich sehr gern.

„Heute wird eine Ausnahme gemacht", sagte Emma. „Der Pfarrer hat uns eingeladen. Sheltie muss doch unbedingt mitkriegen, was mit seinem Bild passiert."

Die Mädchen banden Sheltie und Winnie an einer Säule im hinteren Teil der Kirche fest. Immer mehr Dorfbewohner drängten sich hinein. Die Ponys benahmen sich vorbildlich und blieben ganz ruhig.

Dann begrüßte der Pfarrer alle. Er dankte den Leuten, die beim Flohmarkt Sachen verkauft hatten. Es war viel Geld zusammengekommen.

„Aber wie Sie ja wissen, gibt es ein kleines Problem mit dem Kirchendach", sagte er. „Der Dachdecker hat es sich angesehen. Die Reparatur wird sehr teuer. Deshalb dachten wir, dass die ganzen Einnahmen des Flohmarkts für das Dach verwendet werden müssten. Aber für unsere Glocke wird trotzdem noch etwas übrig bleiben. Es gab nämlich eine erstaunliche Entdeckung ..."

Sheltie ließ von hinten ein lautes Wiehern ertönen. Das ganze Dorf lachte.

Fast alle wussten schon, was der Pfarrer jetzt berichten würde.

„Während des Flohmarkts wurde ein sehr wertvolles Gemälde gefunden“, sagte der Pfarrer. „Komischerweise hing es schon seit Jahren in unserer Kirche. Aber niemand wusste davon. Auf der Rückseite eines Bildes von einem früheren Pfarrer unserer Gemeinde befand sich ein anderes Gemälde. Es stammt von dem berühmten Maler Henry Butterwild und ist sehr wertvoll. Wir haben beschlossen, es an ein Museum zu verkaufen. Dort können es sich alle ansehen. Mr Cooper meint, es ist bestimmt sehr viel Geld wert. Deshalb können wir sowohl das Dach reparieren als auch eine neue Kirchenglocke kaufen!“

Alle klatschten und jubelten vor Begeisterung.

„Und diese Entdeckung verdanken wir einem ganz besonderen Pony: Sheltie!"

Als Sheltie seinen Namen hörte, schnaubte er laut. Er zog an dem Strick, mit dem er angebunden war. Der Strick löste sich von der Säule. Fröhlich spazierte Sheltie durch den Mittelgang und blickte stolz nach links und rechts.

Emma schoss von ihrem Platz hoch. „Sheltie, bleib stehen. Das darfst du nicht."

Aber Sheltie stand schon unter dem Kirchturm. Von oben hing ein langes Seil herunter. Er schnappte es sich mit den Zähnen und zog daran. Ein scheppernder Ton erklang und alle lachten.

Der Pfarrer musste auch grinsen. „Damit will uns Sheltie noch einmal deutlich machen, wie dringend wir eine neue Glocke brauchen“, sagte er schmunzelnd.

Emmas Vater zückte seinen Fotoapparat. „Noch ein Bild für das Sheltie-Fotoalbum“, sagte er. „Überschrift: Sheltie läutet die Kirchenglocke!“

„Sheltie, du Witzbold!“, lachte Emma. „Du bist wirklich das frechste Pony der Welt!“

Sheltie stand mit dem Seil im Maul da. Seine Augen blitzten. Dann zog er noch einmal daran. Und zu dem scheppernden Ton der Glocke stimmte er das lauteste Wiehern an, das die Dorfbewohner je gehört hatten.

Sheltie – der Retter

Kapitel eins

„Das war ein tolles Picknick“, sagte Sally. Sie ritt mit Emma durch den Wald zurück nach Hause. Die Mädchen hatten noch über eine Woche Ferien vor sich. Und endlich schien auch wieder die Sonne.

Am Distelhain fing Sheltie an, ein paar Luftsprünge zu machen. Er führte einen richtig kleinen Tanz auf. Ihm hatte das Picknick besonders gut gefallen, denn Emmas Mutter hatte ein paar Extra-Äpfel für ihn in den Korb getan.

„Uff, ich habe zu viel gegessen“, stöhnte Sally.

„Ich auch“, meinte Emma. „Komm, wir machen am Hufeisenteich eine Pause und verfüttern den Rest des Brots an die Enten. Vielleicht sind ja auch ein paar Küken da.“

Sheltie wieherte begeistert. Er freute sich immer, wenn Emma die Enten fütterte. Denn manchmal landeten die Brotstücke nicht im Wasser, sondern auf dem Gras. Dann versuchte Sheltie den Enten die Leckereien wegzuschnappen.

Als sie aus dem Distelhain kamen, trieb Emma Sheltie an. Er schnaubte laut und galoppierte los. Sally und Winnie machten es ihnen nach. Die Mädchen preschten auf ihren Ponys den Hügel hinunter zum Teich. Schließlich zog Emma an den Zügeln.

„Langsam, Sheltie. Sonst erschrecken wir die Enten.“

Sheltie verlangsamte brav den Schritt.

Auf dem Teich schwammen mehrere Stockenten. Nahe am gegenüberliegenden Ufer, hinter dem großen Ahornbaum, schrien zwei Gänse.

„Sieh mal, Sally!“, rief Emma aufgeregt. „Da sind ja Küken! Oh, sind die süß!“

Die Ponys standen ganz still. Eine Entenfamilie mit fünf flauschigen Küken schwamm auf Emma und Sally zu. Die Jungen paddelten wie wild hinter ihrer Mutter her und wackelten mit den kleinen Schwänzchen.

Emma sprang aus dem Sattel und holte die übrig gebliebenen Brote raus. Dann warf sie mit Sally kleine Stückchen davon ins Wasser.

Die Enten merkten sofort, dass es etwas zu fressen gab. Blitzschnell nahmen sie Kurs auf das Futter.

„Sieh mal, der da! Ist der nicht lustig?“ Emma lachte und zeigte auf das letzte der fünf Küken. Es war das kleinste und musste sich richtig anstrengen, um mit seinen Geschwistern mitzuhalten.

„Der hat so ein süßes flauschiges Köpfchen“, sagte Sally. Sie warf ihm ein Stückchen Brot hin, aber eins der größeren Küken schnappte es ihm weg.

„Ist der gierig!“, sagte Emma. Sie zielte und warf das nächste Stück Brot dem

Küken mit dem flauschigen Kopf genau vor den Schnabel. Diesmal konnte es kurz daran knabbern, bevor eines seiner Geschwister es ihm wegfutterte.

Sheltie ging vorsichtig ans Ufer. Er schien sich sehr für die kleinen Enten zu interessieren. Als die Entenmutter aus dem Wasser watschelte und sich seinen Hufen näherte, blieb er ganz ruhig stehen. Die Jungen kamen piepsend hinter der Mutter her.

Sheltie senkte seinen wuscheligen Kopf. Vier der Küken nahmen in alle Richtungen Reißaus. Aber das Junge mit dem flauschigen Köpfchen watschelte mutig auf Sheltie zu. Es piepste laut und pickte nach Shelties zotteliger Mähne.

„Flauschi denkt wohl, deine Mähne ist was Leckeres zu fressen“, meinte Emma. „Das sieht ja lustig aus!“

Dann rannte Flauschi auf seinen winzigen Schwimmfüßchen einmal um Sheltie herum.

Emma rief besorgt: „Vorsicht, Sheltie. Er ist direkt neben deinem Vorderhuf!“

Sheltie schnaubte ganz sanft, als wollte er sagen: „Ich passe schon auf!“ Er blieb ganz ruhig stehen, bis Flauschi zu seiner Mutter zurücklief.

„Das ist das letzte Stückchen Brot“, sagte Sally und warf es weit hinaus auf den Teich. Zwei Erpel sausten sofort hin. Die Mädchen sahen den Enten noch eine Weile zu. Dann machten sie sich auf den Heimweg.

„Ob Flauschi wohl diesen flauschigen Kopf noch hat, wenn er groß ist?“, überlegte Emma.

Sie ritten die Straße zu Emmas Haus hinunter. Joschua wartete im Garten auf sie. Als Emma das Gatter öffnete, klatschte er in die Hände und rief: „Enten! Enten!“

„Ja, richtig Joschua. Wir waren am Teich bei den Enten", antwortete Emma. „Sie haben sogar gerade ganz süße Küken! Ich gehe morgen mal mit dir hin."

„Enten!“, sagte Joschua noch mal und deutete mit einem Finger in Richtung der Mädchen.

Plötzlich fing Sally an zu lachen. „Er hat Recht, Emma“, sagte sie. „Sieh mal!“

Emma machte gerade das Gatter hinter Sheltie zu. Sie drehte sich um und traute ihren Augen kaum. Direkt hinter ihr stand eine Entenmutter mit fünf Küken! Das Kleinste hatte einen ganz flauschigen Kopf. Das war die Entenfamilie vom Teich! Sie waren den ganzen Weg vom Teich hinter Sheltie hergewatschelt!

Kapitel zwei

„Auweia“, sagte Emma. „Was sollen wir jetzt machen? Wir haben doch keinen Teich.“

Sally band Winnie an den Koppelzaun. Emma holte ihre Mutter und berichtete ihr von dem Besuch am Teich.

„Wir sollten sie gleich zurückbringen“, sagte Emmas Mutter. „Aber wie transportieren wir sie?“

Sheltie streckte den Hals über das Gatter, um die kleinen Entchen zu begrüßen. Flauschi watschelte unter dem Gatter hindurch und wagte sich ganz dicht an Sheltie heran. Das kleine Pony hob langsam den Kopf, um das Küken nicht zu erschrecken. Dann knabberte er an seinen Satteltaschen und stupste Emma an.

„Ich kann dir jetzt nicht die Satteltaschen abnehmen, Sheltie“, sagte Emma besorgt. „Wir müssen erst überlegen, wie wir die Enten zurück zum Teich bringen.“

„Ich habe einen Korb, aber der hat keinen Deckel“, überlegte Emmas Mutter. „Wir müssten ihn irgendwie zudecken.“

Sie hob eins der kleinen Entchen hoch und zeigte Joschua, wie er es vorsichtig in der hohlen Hand halten konnte.

Sheltie schnaubte leise. Flauschi hatte sich gemütlich neben einem von Shelties Hufen niedergelassen.

„Tschiep“, piepste das kleine Küken.

Seine Mutter quakte und watschelte unter dem Gatter hindurch zu ihrem Jüngsten. Sie schubste ihn und wollte ihn von der Koppel treiben. Aber das gefiel Flauschi ganz und gar nicht. Er rannte immer wieder zurück zu Sheltie.

„Ich glaube, du hast einen neuen Freund, Sheltie", sagte Sally.

Sheltie knabberte immer noch an seinen Satteltaschen herum. Als die Entenmutter Flauschi wieder unter ihre Fittiche genommen hatte, schnaubte er Emma zu.

„Willst du mir sagen, wir sollten die Enten in die Satteltaschen setzen?", fragte Emma. „Das ist gar keine schlechte Idee!"

„Ja, das finde ich auch", stimmte Emmas Mutter zu. Sie beugte sich hinunter und nahm ein Entenküken hoch. „Komm, Kleiner. Heute darfst du zum ersten Mal reiten.“

Joschua hielt das für ein tolles Spiel und fing auch ein Entenküken ein. Bald

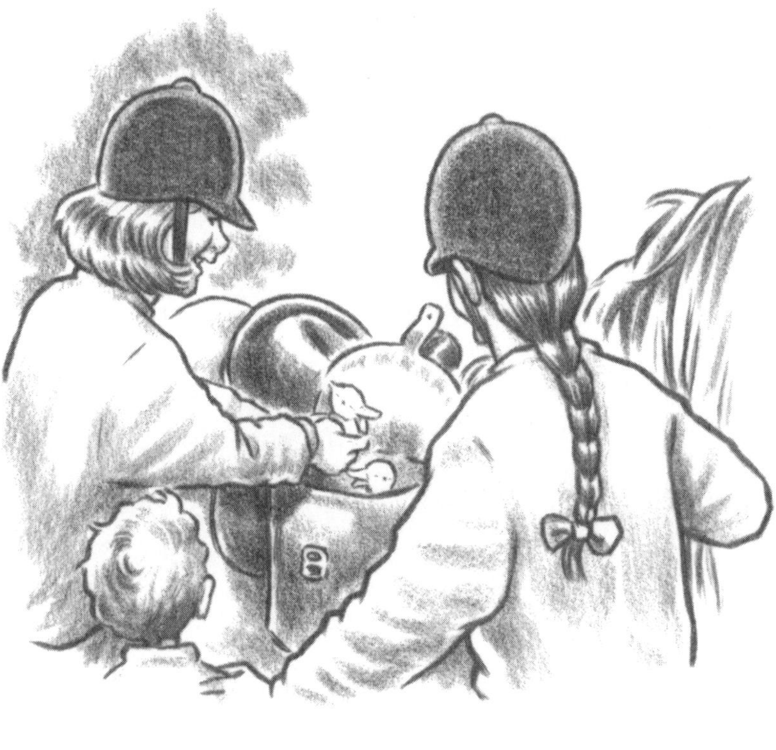

saßen alle fünf laut piepsend in einer von Shelties Satteltaschen.

„Aber was machen wir mit der Mutter?“, fragte Sally besorgt. „Die hat bestimmt keine Lust, in einer Satteltasche zu reiten. Hoffentlich geht sie uns unterwegs nicht verloren.“

„Sie wird ihren Jungen auf jeden Fall folgen. Einer kann ja hinter ihr laufen und aufpassen. Und Sheltie muss schön langsam gehen“, mahnte die Mutter.

Emma öffnete das Gatter und ließ Sheltie wieder hinaus. Dann führte sie ihn die Straße hinauf zum Hufeisenteich. Die kleinen Entenküken piepsten dabei laut aus der Satteltasche.

Emma sah sich um, ob die Entenmutter noch hinter ihnen war. Nach ihnen kamen Sally und Winnie. Und zwischen Winnie und Sheltie watschelte die Entenmutter fröhlich die Straße entlang. Sie folgte dem Piepsen ihrer Küken.

Am Teich kamen sofort die anderen Enten angeschwommen. Sie hofften auf etwas zu fressen.

„Denen haben unsere Brote wohl geschmeckt“, sagte Sally.

„Genauso wie unseren gierigen kleinen Entchen“, erwiderte Emma und lachte. Vorsichtig hob sie ein Küken nach dem anderen aus der Satteltasche und setzte es auf den Boden. Schnell watschelten die Kleinen zu ihrer Mutter. Mit lautem Quaken trieb die Ente ihre Jungen in den Teich.

„Ich glaube nicht, dass sie so gierig sind“, meinte Sally und holte eine Möhre für Winnie aus der Tasche. „Ich glaube, sie sind einfach Sheltie gefolgt. Sieh mal! Der kleine Flauschi will sich gar nicht von ihm trennen.“

Das kleinste Entenküken war seinen Geschwistern nicht in den Teich gefolgt. Er watschelte um Shelties Hufe herum und piepste leise. Sheltie stand mit gesenktem Kopf ganz ruhig da. Er betrachtete das kleine Entenkind aus seinen klugen braunen Augen.

„Los, Flauschi“, sagte Emma. „Wir müssen nach Hause und du musst zu deiner Familie.“

Sie nahm ihn in die Hand und setzte ihn vorsichtig ins flache Wasser, direkt hinter seine Geschwister. Flauschi wackelte mit dem Schwänzchen. Dann paddelte er seiner Familie hinterher. Aber bevor Emma wieder in den Sattel steigen konnte, schnaubte Sheltie plötzlich frech und laut. Wer ihn kannte, wusste, dass er etwas im Schilde führte. Er schnappte sich die Möhre aus Sallys Hand und galoppierte davon.

„He, Sheltie! Die ist für Winnie!", rief Sally. Sheltie stoppte in sicherer Entfernung und zwinkerte ihr verschmitzt zu. Dann galoppierte er auf die andere Seite des Hufeisenteichs.

Emma rannte ihm nach. Ein paar Enten am Rand des Teichs suchten erschrocken das Weite.

Sally sprang auf Winnies Rücken und versuchte Sheltie den Weg abzuschneiden. Aber das kleine Shetlandpony ließ sich nicht austricksen. Ihm gefiel dieses Spiel sichtlich! Er schüttelte den Kopf und wieherte laut. Dann wollte er an Emma vorbeigaloppieren.

Sie konnte gerade noch seine Zügel packen und mit ihm mitlaufen. Dabei wäre sie auf dem matschigen Boden beinahe ausgerutscht. Die Zügel behielt sie jedoch fest in der Hand.

Plötzlich blieb Sheltie stehen. Emma sauste kopfüber mit vollem Karacho in den Matsch.

Sally bog sich vor Lachen. Emma rappelte sich mühsam auf und wischte sich das Gesicht mit dem Ärmel ihrer Jacke ab.

„Das ist nicht gerade nett, dass ich so lache. Aber das sah einfach zu komisch aus, wie du im Matsch gelandet bist!“, sagte Sally.

„Sehr witzig!“, grummelte Emma. „Na warte, Sheltie! Du kriegst heute

Abend von mir bestimmt kein einziges Leckerli!“

„Schade, dass ich meine Kamera nicht dabeihabe“, sagte Sally. „Das wäre ein tolles Foto gewesen!“

Kapitel drei

Zwei Tage später ritt Emma wieder zum Hufeisenteich, um Shelties neuen Freund, das Entenküken, zu besuchen.

„Komisch, ich sehe Flauschi gar nicht."

Sheltie nickte wie zur Bestätigung mit dem Kopf.

„Da ist die Mutter. Die erkennt man an dem Fleck auf dem Schnabel. Aber sie hat nur vier Junge bei sich."

Um ganz sicherzugehen, dass es dieselbe Familie war, ritt Emma langsam einmal um den Teich. Als sie wieder die Ente mit dem Fleck auf dem Schnabel sahen, wieherte Sheltie leise.

„Du meinst auch, dass das dieselbe Familie ist, oder?“, fragte Emma. „Aber wo steckt dann Flauschi? Hoffentlich ist ihm nichts passiert. Am besten holen wir Sally und suchen dann noch mal gemeinsam.“

Sheltie setzte sich sofort in Bewegung.

Auf dem Weg zum alten Gutshaus, in dem Sally wohnte, trafen sie Mr Brown aus dem Dorf. Emma erzählte ihm, wie die Entenfamilie Sheltie bis nach Hause gefolgt war.

Mr Brown lachte. „Dass die Mutter euch gefolgt ist, überrascht mich“, sagte er. „Aber kleine Enten oder Gänse halten manchmal einen Menschen oder ein anderes Tier für ihre Mutter. Die Küken konnten Sheltie wohl besonders gut leiden!“

Sheltie schnaubte und stampfte fest mit den Hufen auf. Er schien zu sagen: „Das ist ja wohl klar! Mich können doch alle besonders gut leiden!“

„Natürlich, Sheltie, wir wissen, dass du der Beste bist“, lachte Mr Brown.

„Das Entenjunge, das Sheltie so gern hatte, ist aber heute nicht da gewesen“, sagte Emma. „Es war das kleinste. Es hatte ein ganz flauschiges Köpfchen.“

„Bist du sicher, dass es die richtige Mutter war?“, fragte Mr Brown.

„Ziemlich sicher“, meinte Emma. Sie erzählte ihm von dem Fleck auf dem Schnabel.

Mr Brown sah sie traurig an. „Es kann sein, dass du das Junge nicht wiederfindest, Emma“, meinte er. „Nicht alle Entenküken überleben. Ihnen kann alles Mögliche passieren. Besonders, wenn sie ein bisschen schwächer sind. Du hast doch gesagt, dass es kleiner als seine Geschwister war?“

Emma nickte.

„Dann ist es vielleicht gefressen worden? Wahrscheinlich von einem Fuchs. Davon gibt es in der Gegend ja einige."

Traurig ritt Emma weiter. Da hielt Sheltie plötzlich an einem Hagebuttenbusch an, der in einer Hecke wucherte. Emma versuchte Sheltie wegzuziehen, aber er drückte die Nase tief in das Gras, das die Hecke umgab. Er schnüffelte und nieste. Emma wusste, dass Sheltie immer niesen musste, wenn er Pilze roch.

„Komm weg da, Sheltie. Die könnten giftig sein", warnte sie ihn und versuchte ihn zurückzuziehen.

Aber Sheltie scharrte mit den Hufen und schnaubte. Normalerweise hätte Emma sich angesehen, was Sheltie gefunden hatte. Aber heute wollte sie so schnell wie möglich Sally erzählen, dass das kleine Entenjunge weg war.

„Tut mir Leid, Sheltie. Vielleicht sehen wir uns das auf dem Rückweg an. Aber jetzt müssen wir weiter.“ Nur widerwillig setzte Sheltie sich in Bewegung.

Emma musste die ganze Zeit daran denken, dass das Entenküken vielleicht von einem Fuchs gefressen worden war. Sie war ganz bedrückt. Als sie absaß, drückte Sheltie sein weiches Maul tröstend in ihren Nacken und blies seinen warmen Atem in ihr Ohr.

Emma umarmte ihn. „Das ist lieb von dir, Sheltie“, flüsterte sie. „Aber es war doch auch dein Lieblingsküken? Du bist bestimmt genauso traurig.“

„Was ist denn los, Emma?“, fragte Sally, als sie sah, wie traurig Emma war.

Emma erzählte ihr, dass das Entenküken weg war und was Mr Brown gesagt hatte.

„Komm, wir reiten noch mal hin“, sagte Sally sofort. „Vielleicht hat es sich nur im Schilf versteckt? Wahrscheinlich schwimmt es mittlerweile schon wieder fröhlich hinter den anderen her. Heute nehme ich auch meine Kamera mit, damit ich ein Foto von ihm machen kann.“

Emmas Laune besserte sich ein bisschen. „Hoffentlich hast du Recht“, sagte sie. „Aber wir hätten gestern wahrscheinlich doch noch mal nach ihm sehen sollen.“

Auf dem Weg zum Hufeisenteich hielt

Sheltie wieder an dem Hagebuttenbusch an.

„Komm weiter, Sheltie!“, sagte Emma ungeduldig und zog an den Zügeln. „Du riechst wieder die Pilze. Aber die dürfen wir sowieso nicht pflücken.“

Doch diesmal hörte Sheltie nicht auf Emma. Er blieb stur stehen, stemmte die Hufe in den Boden und schnaubte wie verrückt.

„Was hat Sheltie denn?“, fragte Sally verwundert. Sie rutschte aus dem Sattel und ging zur Hecke. „Hier ist nichts zu sehen“, meinte sie.

Emma saß auch ab. „Was ist denn los, Sheltie?“, fragte sie sanft. Sheltie war eigentlich nur so störrisch, wenn er etwas Wichtiges entdeckt hatte.

Sheltie drückte die Nase noch tiefer in die Hecke. Emma schob die Zweige zur Seite und spähte in die Hecke. Da hörte sie plötzlich ein Geräusch. Ein ganz leises Piepsen. Emma versuchte tiefer in die Hecke zu krabbeln, aber die Zweige waren zu dicht. Sie kroch unter ihnen durch. Und dann sah sie es.

Das Piepsen kam aus einem Loch im Boden. Es sah aus wie ein altes Kaninchenloch.

„Da piepst es aus einem Kaninchenloch. Vielleicht sitzt ein kleiner Vogel dort

fest?“, sagte sie zu Sally. „Ich versuche ihn rauszuholen.“

„Wie der da wohl reingeraten ist?“, wunderte sich Sally. „Vögel setzen sich doch nicht in Kaninchenlöcher. Vielleicht ist er aus einem Nest in der Hecke gefallen?“

„Ich glaube, ich sehe ihn jetzt!“, rief Emma aufgeregt. „Da ist was Gelbes. Sally, ich glaube, es ist Flauschi!“

Kapitel vier

Emma konnte gerade noch die weichen gelben Federn des kleinen Entchens sehen. Aber sie kam mit der Hand nicht tief genug in das Loch. Flauschi steckte ganz unten fest.

„Versuch's du mal, Sally", bat sie verzweifelt. „Vielleicht kommst du besser hin?"

Aber Sally schaffte es auch nicht.

Da hatte Emma eine Idee. „Bleib mal kurz hier und pass auf, falls ein Hund oder ein Fuchs kommt", sagte sie. „Ich bin gleich wieder da. Ich will nur schnell meine Mutter oder meinen Vater holen."

„Ich versuche weiter, ob ich ihn rausholen kann“, sagte Sally.

Als Emma nach Hause ritt, fiel ihr ein, dass ihr Vater noch nicht von der Arbeit zurück sein konnte. Aber vielleicht hatte ihre Mutter Zeit, ihnen zu helfen.

Emmas Nachbar Mr Crock goss gerade im Garten seine Kohlköpfe. „Was ist denn los, Emma?“, fragte er. „Du siehst ja gar nicht so fröhlich aus wie sonst.“

Emma erzählte ihm von dem Entenküken im Kaninchenloch. Sheltie streckte währenddessen den Kopf über Mr Crocks Gartenmauer. Dann schnappte er sich seine Gießkanne.

„He, Sheltie“, sagte Mr Crock. „Gib mir meine Gießkanne wieder!“

Shelties Augen blitzten spitzbübisch. Er zog die Gießkanne über die Gartenmauer und trabte davon.

„Komm zurück, du freches Pony!“, rief Mr Crock und rannte auf die Straße. „Ich will meine Gießkanne wiederhaben!“

„Sheltie!“, rief Emma. „Du ungezogener …“ Aber dann verstummte sie. Es gab bestimmt einen guten Grund, dass ihr schlaues Pony die Gießkanne geklaut hatte. Und plötzlich verstand sie, was er vorhatte.

„Sheltie, natürlich!“, rief sie begeistert. „Wenn wir Wasser in das Kaninchenloch schütten, kann das Küken vielleicht nach oben schwimmen. Dann können wir es rausholen.“

Emma erklärte Mr Crock, warum Sheltie sich die Gießkanne geschnappt hatte. „Na, das ist ja alles gut und schön, aber er hätte wenigstens vorher fragen können“, meinte Mr Crock schmunzelnd. Dann zwinkerte er Emma zu. „Dein Pony ist einfach viel zu schlau!“

Sheltie versuchte zu prusten, aber er hatte ja die Gießkanne im Maul. Er musste sie fallen lassen, um Mr Crock laut anzuschnauben.

„Nicht unhöflich werden, Sheltie“, sagte Emma und unterdrückte ein Lachen.

Mr Crock nahm die Gießkanne und füllte sie mit Wasser. „Aber bringt sie mir wieder zurück“, bat er.

Das versprach ihm Emma gern. Vorsichtig balancierte sie die volle Gießkanne vor sich auf dem Sattel. Sheltie ging ganz ruhig. Er schien zu wissen, was für eine wacklige Fracht er trug.

„Sheltie hatte eine tolle Idee“, sagte Emma, als sie wieder bei Sally und Winnie waren. „Hier, nimm mal die Gießkanne.“

Sally hob die schwere Kanne vom Sattel. „Wofür brauchen wir die denn?“, fragte sie verdutzt.

„Abwarten“, sagte Emma. Sie kroch unter die Hecke zum Kaninchenloch. Flauschi piepste immer noch ganz laut. „Keine Angst, jetzt retten wir dich.“

Langsam und vorsichtig goss sie etwas Wasser in das Loch. Sie hielt gespannt den Atem an. Würde das Wasser im Loch bleiben oder gleich versickern?

Es sah wirklich so aus, als bewegte das Entchen sich aufwärts. Emma goss noch ein bisschen Wasser nach. Flauschi piepste wie wild. Sheltie wieherte, als wollte er seinem kleinen Freund Mut zusprechen.

Aber plötzlich saß das Entenküken wieder ganz unten im Loch. Emma war tief enttäuscht. Es hatte nicht geklappt. Das Wasser war zu schnell versickert.

Da hatte sie eine bessere Idee. Wenn sie das Wasser ganz schnell hineingoss, wurde Flauschi vielleicht schnell genug nach oben getragen. Dann musste Sally rasch nach ihm greifen. Sie erklärte Sally ihren Plan.

Emma holte tief Luft. Vorsichtig, aber möglichst schnell goss sie das ganze Wasser aus der Gießkanne seitlich ins Kaninchenloch.

Es funktionierte! Das Entenküken wurde vom Wasser getragen. Schon konnten sie Flauschis strubbeliges, weiches Köpfchen sehen.

„Schnell, nimm ihn!“, rief Emma aufgeregt.

Sally streckte die Hände aus und befreite das Entchen vollends aus dem Loch. Gerade noch rechtzeitig! Sofort versickerte das Wasser wieder in der Erde.

Sheltie wieherte begeistert und blies das kleine Entchen ganz sanft an.

„Es ist tatsächlich Flauschi! Dein kleiner Freund, Sheltie!“, rief Emma glücklich.

„Du bist das schlauste Pony der Welt. Das war eine geniale Rettungsidee!“, sagte Sally. Zärtlich hielt sie die kleine Ente in der hohlen Hand.

„Komm, wir bringen Flauschi zu seiner Familie zurück“, sagte Emma. „Sheltie, du kannst ihn ja wieder in deiner Satteltasche tragen. Aber vorher machen wir noch ein Foto.“

Ganz vorsichtig setzte sie Flauschi auf Shelties Kopf.

Sally nahm ihre Sofortbildkamera und ... KLICK!

Nach ein paar Sekunden kam das Bild aus dem Apparat. Die Mädchen sahen

zu, wie es sich langsam entwickelte. Zuerst kamen Shelties Umrisse zum Vorschein. Dann sah man auch das kleine gelbe Entenküken auf seinem wuscheligen Kopf.

„Die beiden sehen einfach zu süß zusammen aus!“, sagte Emma. „Das Foto ist toll!“

Sheltie wieherte. Natürlich ganz leise, um seinen kleinen Reiter nicht zu erschrecken. Aber er war sichtlich stolz auf seine gelungene Rettungsaktion. So schlau wie Sheltie war eben kein anderes Pony!

Eine überraschende Entdeckung

Kapitel eins

Emma füllte Shelties Heuraufe auf und summte vor sich hin. Sheltie stupste ihr sein weiches Maul in die Seite, denn er suchte die Möhre, die er immer noch als Extra-Frühstück bekam.

Emma schlang liebevoll die Arme um seinen Hals. „Sheltie, ich weiß genau, was du suchst! Warte noch kurz, bis ich fertig bin."

Als sie die Heuraufe gefüllt hatte, nahm sie die Möhre aus der Tasche. Sie brach sie in zwei Teile und streckte Sheltie eines auf der Handfläche hin.

„Heute machen wir ein Picknick im

Birkenwäldchen“, sagte sie zu ihm. „Da können wir noch mal richtig die Ferien genießen. Nächste Woche müssen Sally und ich wieder zur Schule.“

Sheltie prustete und stupste Emma noch mal an. Er wollte auch noch die andere Hälfte der Möhre.

„Ich sage Mama, dass sie für dich auch etwas in den Picknickkorb packen soll“, versprach Emma. „Jetzt frühstücke ich aber erst mal. Dann holen wir Sally und Winnie ab.“

Singend ging Emma über die Koppel und durch die Hintertür ins Haus.

„Du hast aber gute Laune“, sagte Emmas Vater und gähnte. Er war noch im Schlafanzug und deckte gerade den Frühstückstisch.

„Es ist so ein schöner Tag!“, sagte Emma. „Sally und ich wollen ein Picknick im Birkenwäldchen machen.“

Sie begrüßte Joschua, der auf sein Frühstück wartete. Dann nahm sie sich eine Schüssel Cornflakes.

„Ich würde auch lieber ins Birkenwäldchen gehen als zur Arbeit“, seufzte Emmas Vater. „Aber jetzt sollte ich mich wohl mal umziehen.“

Emmas Mutter breitete gerade die Zeitung auf dem Tisch aus. „Seht mal, da steht ja was über das Birkenwäldchen.“

Emma goss Milch über ihre Cornflakes. „Was steht denn da?“, fragte sie neugierig.

„Oh nein“, stöhnte ihre Mutter. „Hört euch das an: ‚Anfang nächster Woche wird die Baufirma Dillon auf dem Gelände den Bauplatz vorbereiten. Es sollen fünfzig neue Häuser entstehen.‘ “

Emma erschrak. „Das Baugelände vorbereiten? Heißt das, die wollen das Birkenwäldchen abholzen?“

„Ich fürchte ja“, sagte ihre Mutter. „Ihr solltet euren geliebten Picknickplatz

heute noch genießen, denn nächste Woche gibt es ihn wahrscheinlich schon nicht mehr."

Emma konnte es nicht glauben. „Das können die doch nicht machen!", rief sie. „Das Wäldchen ist so schön! Die können doch nicht einfach die Bäume abholzen und hässliche Häuser dort hinbauen!"

„Ich fürchte, wir können nichts dagegen tun, Emma", sagte ihr Vater. „Aber es werden keine hässlichen Häuser. Diese Firma baut eigentlich ganz schöne Häuser. Und sie fällen bestimmt nicht alle Bäume. Nur die, die den Häusern im Weg stehen."

„Auch schöne Häuser werden nie so schön sein wie das Birkenwäldchen!", sagte Emma wütend. „Die können ihre

Häuser doch woanders hinbauen! Es gibt hier in der Gegend so viele Felder!"

„Aber die Felder werden für die Landwirtschaft gebraucht, Emma", sagte ihre Mutter. „Davon leben die Bauern, und wir ja schließlich auch. Deshalb kann man auf den Feldern keine Häuser bauen."

„Dann verhungere ich lieber!", sagte Emma beleidigt. Sie wusste, dass das Unsinn war. Aber sie fand es genauso unsinnig, in ihrem Lieblingswäldchen Häuser zu bauen. So schnell sie konnte, rannte sie auf die Koppel, um Sheltie davon zu erzählen.

Sheltie spürte, dass Emma wütend war. Er wieherte leise und rieb sein weiches Maul tröstend an ihrem Gesicht. Emma kuschelte sich an ihn und küsste ihn auf die Nase. „Da kannst nicht mal du helfen, Sheltie, auch wenn du so schlau bist", sagte sie. „Komm, wir holen schnell Sally ab. Wir müssen den Tag heute ausnutzen. Vielleicht ist das unser letztes Picknick im Birkenwäldchen."

Das Gras auf der Lichtung mitten im Wäldchen war weich wie ein Kissen. Neben dem Reitweg, der durch den Wald führte, wuchsen Wildblumen. Auch tiefer im Wald zwischen den Bäumen schimmerten Blüten in allen Farben.

„Wie kann man so einen schönen Wald nur abholzen?", fragte Sally. „Zum Glück habe ich meinen Fotoapparat dabei. Wir können ganz viele Fotos als Erinnerung machen."

„Das ist trotzdem nicht dasselbe“, seufzte Emma.

Sheltie schüttelte so heftig den Kopf, dass sein Zaumzeug klirrte. Dann hob er den Kopf und sog schnuppernd die Luft ein. Er scharrte mit den Hufen auf dem Boden. Vielleicht wollte er sich genau einprägen, wie es hier war, damit er sich immer an das Wäldchen erinnern konnte. Emma band ihn an einen Baum in der Nähe ihres Picknickplatzes. Sally band Winnie daneben fest. Hier konnten die Ponys schönes, saftiges Gras fressen. Emma und Sally wollten noch mal zu all ihren Lieblingsstellen im Birkenwäldchen gehen, bevor sie ihre Brote aßen.

Plötzlich wieherte Sheltie und zog am Strick.

„Wir sind gleich wieder da, Sheltie", sagte Emma. „Bleib bei Winnie und leiste ihr Gesellschaft."

Aber Sheltie scharrte mit den Hufen und legte die Ohren an.

„Was ist denn los?", fragte Emma erstaunt.

Plötzlich hörte sie hinter sich einen Zweig knacken. Sie drehte sich um und starrte in den Wald. Da entdeckte sie zwei Männer in grünen Jacken und mit merkwürdigen Instrumenten.

Was hatte das zu bedeuten?

Kapitel zwei

Die beiden Männer liefen in einem eingezäunten Waldstück herum. Der Größere von ihnen war blond und hatte Sommersprossen. Er stellte ein dreibeiniges Gestell auf den Boden. Der andere Mann war kleiner und hatte dunkle Locken und einen Bart. Er stand in einiger Entfernung von dem Blonden und hielt einen rot-weiß gestreiften Stock.

„Es geht los“, rief der größere Mann. Er bückte sich und sah durch eine Art kleines Fernrohr, das sich auf dem Gestell befand.

Als er sich wieder aufrichtete, nahm der kleinere Mann mit dem Bart den rot-weiß gestreiften Stock und ging weiter. „Alles klar, David?“, rief er.

„Alles klar, Tom“, antwortete David. Dann sah er wieder durch sein Fernrohr.

„Was machen Sie da?“, fragte Emma neugierig.

Die Männer kamen näher und erklärten ihr, dass sie für die Baufirma das Land vermaßen. „Wir müssen wissen, wo kleine Hügel und Senken sind, bevor wir anfangen zu bauen“, sagte Tom.

Sheltie streckte seinen Kopf in Richtung der Männer. Er stupste David verspielt an und blies ihm seinen warmen Atem ins Ohr.

David erschrak. „He, nimm dieses Tier von mir weg.“

„Der tut nichts“, lachte Emma. „Er will nur sehen, ob Sie was zu fressen in der Tasche haben. Er liebt Bonbons.“

„Das trifft sich gut“, sagte David. Er fischte eine Rolle Bonbons aus der Tasche. Emma zeigte ihm, wie er Sheltie ein Bonbon auf der Handfläche geben konnte.

Das kleine Pony beschnüffelte die Süßigkeit und schnaubte David ziemlich unhöflich ins Gesicht.

„Na los, Sheltie“, sagte Emma. „Du darfst das Bonbon ausnahmsweise nehmen. Eigentlich weißt du ja, dass das ungesund ist.“

Sheltie blies jedoch einfach das Bonbon von Davids Handfläche.

„Jetzt sei nicht undankbar, Sheltie“, ermahnte ihn Emma.

„Der ist ja ein komischer Kerl“, sagte David. „He, Tom, probier du mal.“

Aber Sheltie wollte auch von Tom nichts annehmen. David bot stattdessen

Winnie eines an und sie nahm ihn sanft aus seiner Hand. Sally grinste. „Sheltie spart sich seinen Hunger wohl fürs Picknick auf“, sagte sie.

Weil es fürs Mittagessen noch zu früh war, gingen Emma und Sally noch mal zu ihren Lieblingsstellen im Birkenwäldchen. Sie hatten ihre Ponys losgemacht. Sheltie und Winnie trabten gemütlich neben ihnen her. An einem Brombeerstrauch blieb Sheltie stehen. Er steckte seine Nase in den Busch. Sally sah nach, was er entdeckt hatte.

„Sieh mal, Emma“, sagte sie und zeigte auf eine kleine lila Blume im Gestrüpp. „Die sieht ja schön aus!“

Emma sah sich die Blume genau an. „So eine habe ich noch nie gesehen“, sagte sie.

„Sollen wir sie pflücken und mit nach Hause nehmen?“, schlug Sally vor. „Dann können wir im Pflanzenbuch von deiner Mutter nachsehen, wie sie heißt.“

„Gute Idee“, meinte Emma. Aber dann fiel ihr etwas ein. „Nein, lieber nicht. Man soll doch keine Wildblumen pflücken. Aber wir können ja ein Foto machen."

Sally nahm ihre Sofortbildkamera zur Hand. KLICK! Nach ein paar Sekunden kam das Foto aus der Kamera. Die Mädchen sahen zu, wie die Blume langsam Gestalt annahm.

„Das Foto ist toll", sagte Emma.

Die Männer auf der anderen Seite des Zauns beobachteten sie interessiert.

„Schicker Fotoapparat", sagte David. „Was fotografiert ihr denn?"

Sally und Emma zeigten den Männern das Foto. „Eine schöne Blume", sagte Emma. „So eine haben wir nämlich noch nie gesehen."

Die beiden Männer schauten sich an und betrachteten das Foto. „Sie ist bestimmt nichts Besonderes", sagte Tom. „Aber du hast Recht. Sie ist wirklich hübsch."

Als sie nach Hause kamen, ging Sheltie schnurstracks zum Wassertrog. Er trank genüsslich und lange. Dann zäumte Emma ihn ab und hängte seinen Sattel über das Gatter.

„Das war ein schöner Tag“, sagte sie, als sie ihn striegelte. „Ich kann kaum glauben, dass wir nie wieder ein Picknick im Birkenwäldchen machen können.“

Sheltie schnaubte laut und sah sie mit einem Zwinkern in den Augen an.

„Nein, Sheltie“, seufzte Emma. „Du kannst nichts dagegen tun, bestimmt nicht. Es wäre toll, wenn wir was unternehmen könnten. Aber ich glaube, wir können sie nicht davon abhalten, ihre blöden Häuser zu bauen.“

Emma verstaute Shelties Sattel und Zaumzeug und gab ihm sein Futter. Dann ging sie ins Haus und erzählte ihren Eltern von der schönen Blume, die Sheltie gefunden hatte.

„Das klingt nach einer Orchidee“, sagte ihr Vater.

Emma überlegte. Ihr Vater kaufte zu besonderen Anlässen manchmal Orchideen für ihre Mutter. „Nein, sie sah nicht wie eine Orchidee aus“, sagte sie. „Sie war ziemlich klein. Ungefähr so groß wie eine Hyazinthe.“

„Wilde Orchideen sind ziemlich klein“, sagte ihr Vater. „Komm, wir sehen in Mamas Pflanzenbuch nach. Vielleicht erkennst du sie ja wieder.“

Emmas Vater hatte Recht. Es war wirklich eine Orchidee. Emma zeigte auf das Bild. „So eine war es“, sagte sie.

„Das ist das Helm-Knabenkraut, eine Orchideenart“, sagte ihr Vater. „Bist du sicher, Emma? Hier steht, dass diese Blu-

me sehr selten ist. War es nicht vielleicht so eine?“ Emmas Vater deutete auf das Bild einer ganz ähnlich aussehenden Blume. „Diese Blume sieht man nämlich recht häufig, und die beiden sind leicht zu verwechseln.“

Emma sah sich die Bilder genau an. „Ich bin ganz sicher. Es war die da“, sagte sie und zeigte wieder auf das Helm-Knabenkraut. „Sie war nicht so dunkel wie die andere. Aber Sally hat die Blume fotografiert. Wir können das Foto mit denen im Buch vergleichen.“

„Ja, das ist eine gute Idee“, sagte Emmas Vater. „Ruf sie an und sag ihr, sie soll das Foto morgen früh mitbringen.“ Irgendwie klang er ein bisschen aufgeregt. „Wenn du Recht hast, können wir vielleicht verhindern, dass im Birkenwäldchen Häuser gebaut werden.“

Kapitel drei

Sally versprach, ganz früh zu kommen, bevor Emmas Vater zur Arbeit ging. Emmas Vater wartete schon vor dem Haus auf sie. Emma striegelte gerade noch Sheltie, als sie Winnies Hufe auf der Straße klappern hörte.

„Ich mache nachher weiter, Sheltie", sagte sie und warf die Wurzelbürste in die Putzkiste. „Aber diese Blume scheint wichtig zu sein. Mach dich nicht wieder dreckig, ja?"

Sheltie sah sie mit blitzenden Augen an. Dann rannte er schnurstracks zu einer matschigen Stelle am Zaun und stampfte fröhlich darin herum.

Aber Emma beachtete ihn ausnahmsweise nicht. So schnell sie konnte, rannte sie Sally entgegen. Sally winkte mit einem Umschlag.

„Hier ist das Foto“, sagte sie.

„Schnell, binde Winnie an den Zaun“, sagte Emmas Vater. „Dann gehen wir rein und sehen nach, ob Emma mit der Blume Recht hatte."

Das Buch lag aufgeschlagen auf dem Küchentisch. Sally hatte ein sehr gutes Foto von der Blume gemacht. Emmas Vater legte es erst neben das Bild vom Helm-Knabenkraut und dann neben das Bild der anderen Blume, die so ähnlich aussah.

„Ich glaube, du hast Recht, Emma", sagte er mit einem breiten Grinsen. „Gut gemacht, ihr Blumen-Detektive! Ich muss jetzt zur Arbeit, aber ich komme etwas früher nach Hause. Dann gehen wir ins Birkenwäldchen und sehen uns eure ganz besondere Blume einmal genauer an."

„Warum ist sie so besonders?", wollte

Sally wissen. „Natürlich ist sie hübsch, aber es gibt doch viele hübsche Blumen."

„Sie ist sehr selten", erklärte Emma.

„Nicht nur selten, sondern sogar geschützt", fügte ihr Vater hinzu. „Wenn wir das der Gemeindeverwaltung sagen, dürfen im Birkenwäldchen vielleicht keine Häuser gebaut werden. Denn den Lebensraum von geschützten Pflanzen darf man nicht zubauen!"

Emma dachte daran, dass sie die Pflanze beinahe gepflückt hätten. Zum Glück hatten sie dann doch nur ein Foto gemacht! „Wir können heute ja alle möglichen Pflanzen im Birkenwäldchen fotografieren", schlug sie vor. „Vielleicht finden wir eine, die so selten ist, dass sie noch nie jemand gesehen hat. Dann dürfen dort ganz bestimmt keine Häuser gebaut werden."

„Erst mal mache ich ein Foto von Sheltie", sagte Sally.

Emma strahlte. „Tolle Idee", meinte sie. „Aber ich habe ihn noch nicht fertig gestriegelt. Warte, bis er schön sauber ist."

Emmas Vater verkündete mit lautem Hupen, dass er jetzt zur Arbeit fuhr. Emmas Mutter und Joschua winkten ihm hinterher. Und Sheltie wieherte zum Abschied.

„Oh nein, Sheltie! Was hast du denn gemacht?", rief Emma, als sie Sheltie sah.

Shelties Beine waren über und über mit dickem, klebrigem Matsch beschmiert. Er begrüßte sie mit einem zufriedenen, lauten Schnauben.

„Das wird ein tolles Foto!“, grinste Sally.

Dann putzten die Mädchen Sheltie und sattelten ihn für den Ausritt.

Bei ihrem Streifzug durch das Birkenwäldchen spähten sie unter jeden Busch und in jede Ritze. Sie fanden zwar ein paar Wildblumen, aber es waren keine dabei, die sie noch nie gesehen hatten.

Emmas Vater kam früh von der Arbeit zurück. Emma und Sally gingen mit ihm und den Ponys noch einmal ins Birkenwäldchen.

Die zwei Vermesser waren immer noch da. Emmas Vater ging an den Zaun und rief ihnen ein „Hallo“ zu. David und Tom schlenderten zu ihnen herüber. Sheltie schnaubte und scharrte mit den Hufen.

„Pssst, Sheltie, sei jetzt ruhig. Papa muss mit diesen Männern etwas Wichtiges besprechen“, sagte Emma.

„Guten Tag“, sagte Emmas Vater, als die Männer bei ihnen waren. „Meine Tochter und ihre Freundin haben hier im Birkenwäldchen eine sehr seltene Blume gefunden, die unter Naturschutz steht. Das könnte bedeuten, dass das hier vielleicht doch kein Bauland wird.“

„Was soll denn das für eine Blume sein?“, fragte Tom. Er warf David einen verwunderten Blick zu.

„Sie heißt Helm-Knabenkraut“, erklärte Emmas Vater.

„Was für ein Kraut?“, fragte David. „Wir wissen nichts von so einer Blume.“

„Wir haben Ihnen gestern ein Foto davon gezeigt“, sagte Emma. „Erinnern Sie sich?“

„Ich habe die Blume mit meiner Kamera fotografiert“, sagte Sally und hielt ihren Fotoapparat hoch.

„Ach, die“, sagte Tom. „Ja, die haben wir uns angesehen. Aber das ist eine ganz gewöhnliche Blume. Wegen so was können Sie kein Bauvorhaben stoppen.“

„Wir können sie uns ja mal ansehen“, sagte Emmas Vater höflich. „Weißt du noch, wo die Blume war, Emma?“

„Sheltie weiß es bestimmt noch“, sagte Emma zuversichtlich. „Nicht wahr, Sheltie? Sie war in der Nähe vom Zaun, an einem Brombeerstrauch.“

Die Männer sprangen über den Zaun und gingen hinter ihnen her.

„Hier ist ja alles voller Brombeersträucher“, flüsterte Sally Emma zu. Sie sahen sich suchend um. „Ich weiß gar nicht mehr genau, wo es war.“

„Und, Emma?“, fragte ihr Vater. „Sind wir hier richtig?“

Emma sah sich um. Wenn sie das Helm-Knabenkraut nicht fand, hätten sie nichts gegen die Baufirma in der Hand. Sie mussten es einfach finden! „Ich glaube, es war hier in der Nähe“, sagte sie.

„Wir sind bestimmt schon zu weit gegangen“, meinte Tom. „Die Blume war neben einem hohlen Baumstamm. An dem sind wir gerade vorbeigekommen.“

„Ich erinnere mich nicht an einen hohlen Baumstamm“, meinte Emma. „Und du, Sally?“

Sally runzelte die Stirn. „Ich weiß nicht mehr genau“, sagte sie.

„Wir sollten lieber noch mal zurückgehen“, sagte Emmas Vater.

Aber Sheltie wollte nicht umkehren. Er stemmte die Vorderhufe fest in den Waldboden, warf den Kopf zurück und wieherte laut. Emma versuchte ihn zum Umkehren zu bewegen, aber er stupste sie an und schob sie in die andere Richtung.

„Komm schon, Sheltie“, sagte Emma verzweifelt. „Winnie benimmt sich so gut, kannst du das nicht auch?“

Sheltie schnaubte laut und zog weiter in die Richtung, in die er gehen wollte.

„Lass ihn ruhig führen“, sagte Emmas Vater. „Du sagst doch immer, dass er so ein schlaues Pony ist. Jetzt kann er mal beweisen, wie schlau er ist.“

„Schlau?“, sagte David und lachte. „Pferde sind doch nicht schlau.“

„Sheltie ist nicht einfach irgendein Pferd", sagte Emma wütend. „Außerdem ist er ein Shetlandpony. Und er ist sehr schlau."

Sheltie bestätigte das mit einem lauten Schnauben.

„Na dann los, Sheltie", flüsterte Emma ihm zu. „Zeig uns den Weg zur Blume." Sie schnalzte aufmunternd mit der Zunge und klopfte ihm liebevoll den Hals.

Voller Zuversicht ging Sheltie los. Er schnupperte eifrig, so als suche er einen ganz bestimmten Blumenduft.

„Seht mal!", sagte Emma. „Da ist ein Hufabdruck."

Auf dem weichen Boden war ganz deutlich ein Hufabdruck zu sehen.

„Hier ist noch einer!", rief Sally. „Das

ist der Beweis. Wir waren gestern hier."

„Ja, aber ihr seid gestern hier überall rumgelaufen", wandte Tom sofort ein. „Die Blume war ganz sicher nicht hier."

Sheltie hob den Kopf und wieherte leise. Dann führte er die Nase zum Boden.

„Es war hier!", rief Emma aufgeregt. „Seht mal, da ist Shelties Hufabdruck direkt neben dem Brombeerstrauch."

„Aber wo ist die Blume?", fragte Emmas Vater. „Ich sehe hier keine."

„Habe ich doch gesagt", murrte David unfreundlich. „Das ist nicht die richtige Stelle."

„Und es war auch keine seltene Pflanze", fügte Tom hinzu. „Ich habe schon tausende von denen gesehen. Die findet man überall."

„Wir müssen jetzt jedenfalls weiterarbeiten“, sagte David. „Wir haben noch einiges vor uns, bevor es dunkel wird.“

Sie drehten sich um und gingen zurück.

„Es war bestimmt hier. Ich bin ganz sicher!“, sagte Emma verzweifelt. „Die Blu-

me hatte unten dicke Blätter. Genau wie die da. Das muss sie sein!“

Schnell kniete Emma sich hin und drückte die Blätter zur Seite. Aber zwischen den dicken Blättern war nur ein abgebrochener Stängel!

Kapitel vier

„Seht euch das an!“, rief Sally fassungslos. „Jemand hat die Blume gepflückt!“

„Meinst du, das waren die Männer?“, fragte Emma. „Sie wussten bestimmt, dass die Blume hier war. Sie wollten uns reinlegen.“

„Es kann auch jemand anders gewesen sein“, sagte Emmas Vater. „Im Birkenwäldchen gehen oft Leute spazieren. Viele wissen nicht, dass man keine Wildblumen pflücken soll.“ Aber er sah auch ziemlich aufgebracht aus.

„Und ich habe ihnen noch erlaubt,

Sheltie ein Bonbon zu geben“, sagte Emma wütend.

„Aber er wollte es ja nicht annehmen“, meinte Sally. „Da hätten wir schon stutzig werden müssen. Sheltie weiß immer, ob Leute nett sind oder nicht.“

Sheltie schnaubte laut, als wollte er sagen: „Ihr hättet eben auf mich hören sollen.“

Emma schlang die Arme um seinen weichen Hals und küsste ihn auf die Nase. „Ach Sheltie, du bist eben so klug. Komm, jetzt bewachen wir die Blätter hier, bis die nächste Blume wächst!“

Ihr Vater lachte. „Da musst du lange warten, Emma“, sagte er. „Aber vielleicht reicht auch das Foto. Wir markieren die Stelle, damit die Fachleute wissen, wo sie suchen müssen.“

Plötzlich schnaubte Sheltie und schon hörten sie Schritte.

David und Tom kamen zurück. Jetzt sahen sie nicht mehr so freundlich aus wie vorher.

„Es tut uns Leid, aber Sie müssen das Gelände jetzt verlassen“, sagte David und schwenkte sein Handy in der Luft herum. „Anweisung von unserem Chef.“

„Was soll das denn?“, fragte Emma aufgebracht. „Wir gehen immer ins Birkenwäldchen. Sie können uns hier nicht einfach vertreiben. Nicht solange der Wald noch da ist.“

„Nun mal sachte, Emma“, sagte ihr Vater sanft. Dann wandte er sich an die Männer. „Das müssen Sie mir erklären.“

„Wir haben die Mädchen gestern hier

herumlaufen lassen, weil sie niemanden gestört haben", sagte David.

„Und wir hatten auch nichts dagegen, dass sie hier Blumen fotografiert haben", sagte Tom. „Aber nun wissen Sie, dass es eine ganz gewöhnliche Blume ist, und können jetzt gehen. Dieses Gelände ist Privatbesitz."

„Aber es gibt hier wirklich eine seltene Pflanze“, sagte Sally. „Wir haben das Foto als Beweis.“

„Wer sagt denn, dass ihr das Foto hier gemacht habt?“, sagte Tom mit einem hinterhältigen Grinsen. „Es steht euer Wort gegen unseres. Und wer glaubt schon ein paar Kindern?“

„Außerdem hat unsere Firma das Gelände untersucht“, sagte David. „Damit ist klar, dass es hier nichts Besonderes gibt.“

Plötzlich wieherte Sheltie laut und stieß Emma an.

„Ich glaube, Sheltie will uns was zeigen“, meinte Emma. „Kommt mit.“

Sheltie lief tiefer in den Wald und blieb an einer grasbewachsenen Böschung stehen. Er hob den Kopf und wieherte. Dann senkte er die Nase, als wollte er Emma auffordern, sich die Böschung näher anzusehen.

Alle waren Sheltie gefolgt und sahen jetzt den Abhang hinunter. Zwischen den Grashalmen lugten zwei kleine blühende Blumen hervor. Es war das Helm-Knabenkraut!

„Sheltie, du bist der Größte!“, rief Emmas Vater. „Sally, mach ganz viele Fotos. Fang etwas weiter weg an und komm dann immer näher. So können wir beweisen, dass dies wirklich die Stelle ist, an der wir sie gefunden haben.“

„An der Sheltie sie gefunden hat!“, verbesserte Emma stolz.

Aber da wurden die beiden Vermesser plötzlich sehr unfreundlich.

„Verlassen Sie jetzt sofort das Gelände!“, sagte David. „Sonst rufen wir die Polizei.“

„Entschuldigen Sie bitte, aber Sie müssen zur Kenntnis nehmen, was wir hier gefunden haben“, sagte Emmas Vater betont höflich. „Die Gemeinde wird die Bebauung des Geländes wahrscheinlich verbieten, denn diese Pflanze ist geschützt. Und jetzt rufe ich die Polizei an.“ Er nahm sein Handy aus der Tasche und wählte die Nummer der Polizeiwache. Nach einem kurzen Gespräch lächelte er die Männer an und sagte: „Wachtmeister Gordon wird in ein paar Minuten hier sein.“

In den nächsten Tagen kamen viele Biologen und sahen sich die Blumen im Birkenwäldchen an. Alle waren sich einig, dass es das sehr seltene Helm-Knabenkraut war. Die beiden Vermesser sagten der Polizei, sie hätten nicht gewusst, dass diese Pflanze so selten ist. Sie sagten, sie hätten nur ihre Pflicht getan. Die Gemeindeverwaltung beschloss, dass der Bebauungsplan sofort gestoppt werden sollte. Das Birkenwäldchen war gerettet!

Ein paar Biologen besuchten auch Emma und ihre Eltern und wollten Sheltie kennen lernen.

„Wir sind deinem Pony wirklich sehr dankbar!", sagte eine rothaarige Frau mit dicker Brille. Sie gab Emma einen großen Beutel. „Wir haben deine Eltern gefragt, worüber Sheltie sich freuen würde. Wir haben ihm Äpfel und Möhren mitgebracht."

Sheltie kam sofort ans Gatter. Er war natürlich neugierig, was für Freunde Emma da mitbrachte.

„Das ist ein Geschenk für dich, Sheltie", sagte Emma. „Aber das bekommst du nicht auf einmal. Ich bewahre es für dich auf."

Sheltie streckte den Kopf über das Gatter. Ehe Emma wusste, wie ihr geschah, schnappte er ihr den Beutel aus der Hand. Dann machte er einen Schritt zurück, gerade weit genug, dass Emma nicht mehr an den Beutel kam. Er sah sie mit einem verschmitzten Funkeln in den Augen an. Dann drehte er sich um und galoppierte zum anderen Ende der Koppel. Dabei kullerten sämtliche Äpfel und Möhren aus dem Beutel.

„Sheltie! Komm zurück!“, rief Emma. Schnell kletterte sie über den Zaun und rannte ihm hinterher.

Sheltie wartete, bis Emma fast bei ihm war. Dann schlug er übermütig mit dem Schweif und galoppierte wieder los. Emma sammelte ein paar verstreute Äpfel ein. Keuchend lief sie zurück zum Zaun, wo die Besucher warteten.

„Er scheint dich ja ganz schön auf Trab zu halten“, lachte die rothaarige Frau. „Aber eins ist klar: Sheltie ist wirklich ein ganz besonderes Pony!“

Leseprobe Sheltie

Sheltie und der Schatz am Meer

Es war gerade Ebbe und der goldgelbe Sandstrand erstreckte sich über viele Meter. Sheltie tänzelte fröhlich durch die Brandung und Emma machte Brindels Leine los. Der Hund blieb dicht bei ihnen. Sie trabten die ganze Bucht entlang bis zum „Goldenen Anker". Dann galoppierten sie in rasantem Tempo zurück.

Sheltie und der kleine Hund genossen den Ausflug in vollen Zügen. Aber Emma dachte die ganze Zeit daran, wie sie der Tierklinik helfen konnte.

„Ich wünschte, es würde ein Wunder passieren, das Marys Probleme auf einen

Schlag löst“, flüsterte Emma Sheltie ins Ohr.

Sheltie schnaubte und kaute geräuschvoll auf seinem Gebiss. Brindel legte den Kopf schief und stellte die Ohren auf. Beide schienen angestrengt nachzudenken.

Sie waren fast an den schroffen Felsen am Ende der Bucht angekommen, als Brindel plötzlich losraste.

„Brindel!“, rief Emma. „Bei Fuß!“ Aber Brindel hörte nicht.

Sheltie schüttelte sich die Mähne aus den Augen, tänzelte unruhig auf der Stelle und zog an den Zügeln. Emma wusste, dass er ihr etwas sagen wollte.

„Kannst du sie zurückholen?“, fragte sie. Sheltie zog wieder an den Zügeln. Emma stieg ab. „Los, Sheltie. Such Brindel.“

Sheltie ging zu den dicken Felsbrocken. Dann verschwand er hinter einem großen Stein. Und da saß Brindel und wartete auf ihn.

Die Hündin hatte ein großes, tiefes Loch gegraben. Ihre Schnauze und Vorderbeine waren voller Sand.

„Was gibt es denn da so Spannendes?“, fragte Emma erstaunt.

Sheltie

Das kleine Pony mit dem großen Herz

23 weitere Bände erhältlich!

Wie Sheltie zum Star wurde
ISBN 978-3-440-10596-2
€/D 6,90; €/A 7,10; sFr 12,80

★ Lesespaß pur mit Emma und Sheltie

Mein Tagebuch
ISBN 978-3-440-10066-0
€/D 6,90; €/A 7,10; sFr 12,80

★ Viel Platz für deine eigenen Abenteuer und Geheimnisse

4 weitere Sachbücher erhältlich!

Feriengeschichten
ISBN 978-3-440-10166-7
€/D 7,95
€/A 8,20; sFr 14,60

★ 4 Sheltie-Geschichten auf einmal!

Pferde verstehen
ISBN 978-3-440-10770-6
€/D 9,95
€/A 10,30; sFr 18,–

★ Die Sprache der Pferde verstehen lernen

Shelties Lieblingswitze
ISBN 978-3-440-10165-0
€/D 4,95
€/A 5,10; sFr 9,–

★ Zum Selberlachen und Weitererzählen

www.kosmos.de

KOSMOS